Ingrid Auer

AF287946

PRAXISHANDBUCH
DER ENGELSYMBOLE

UND ENGEL-KOMBI-SYMBOLE

SILBERSCHNUR VERLAG

Die im vorliegenden Buch dargestellten Empfehlungen und Methoden sind nach bestem Wissen und Gewissen erklärt. Autorin und Verlag übernehmen keinerlei Haftung für Schäden, die sich eventuell aus dem Gebrauch oder Missbrauch der in diesem Werk erläuterten Empfehlungen und Methoden ergeben können.

1. Auflage 2006   2. Auflage 2008   3. Auflage 2011
4. Auflage 2016   5. Auflage 2021

ISBN 978-3-89845-132-1
©2006 by Verlag »Die Silberschnur« GmbH | Steinstraße 1 | D-56593 Güllesheim
www.silberschnur.de | E-Mail: info@silberschnur.de

Umschlaggestaltung, Buchdesign und Satz: www.bzw.co.at
Druck und Bindung: Grafoprint, Gornji Milanovac

Ingrid Auer

PRAXISHANDBUCH DER ENGELSYMBOLE

UND ENGEL-KOMBI-SYMBOLE

Praxisanwendungen zu den
Engel-Symbol-Karten 1 – 49 und
zu ausgesuchten Engel-Kombi-Symbolen

Liebe Leserin! Lieber Leser!

Das „Praxishandbuch der Engelsymbole" stellt eine ideale Ergänzung und Erweiterung zu den Büchern „Engelsymbole" und „Nutze die Kraft der Engel-Kombi-Symbole" dar.
Für das Arbeiten mit dem vorliegenden Buch benötigst du entweder die Engel-Symbol-Karten 1 – 49 und / oder die Engel-Kombi-Symbole.

Während in beiden Büchern auf die Bedeutung und Wirksamkeit der Symbole bzw. deren Einsatz im energetischen Bereich ausführlich eingegangen wird, gibt dieses Praxishandbuch einfache und unkomplizierte Tipps im Umgang mit den Symbolen und Kombi-Symbolen im Alltag.

Inhalt

Inhalt

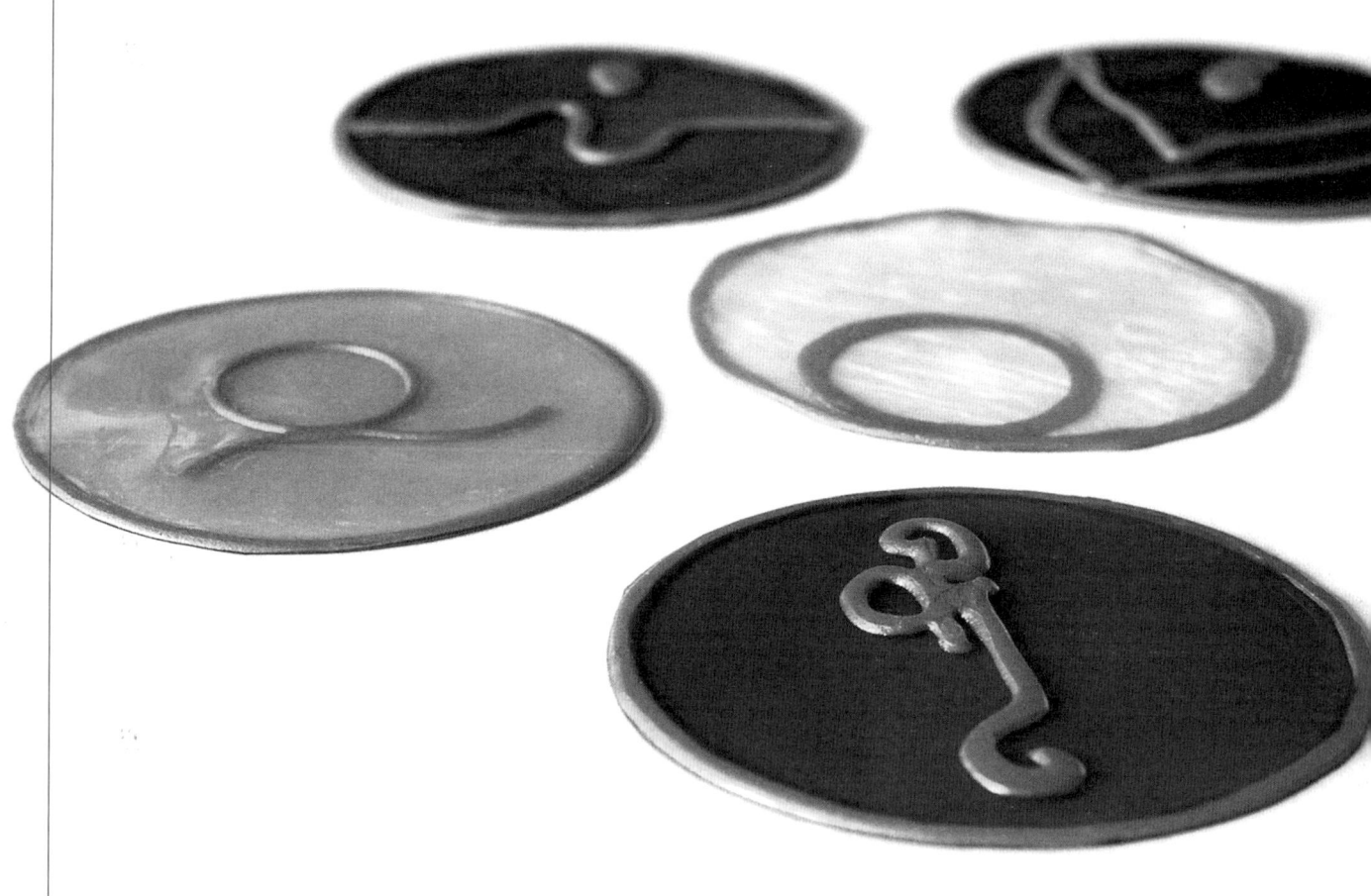

Inhalt

Teil I - Engel-Symbole

Das Buch „Engelsymbole" samt Kartenset entstand im Jahre 1999. In der Zwischenzeit bekam ich viele Impulse, Anregungen und Inputs aus der Engelwelt, wie man diese segensreichen Symbol-Karten weit über die im Buch beschriebenen Anwendungen hinaus noch nutzen und einsetzen kann.

Sowohl die Symbolkarten 1 – 49 als auch die Kombi-Symbole vom Buch „Nutze die Kraft der Engel-Kombi-Symbole" wurden von der Engelwelt energetisiert und versiegelt. So erklärt sich auch die phänomenale Wirkung dieser Symbole. Sie wirken dreifach, und zwar über die Farbfrequenz, das Symbol(zeichen) und die Energetisierung durch die Engelwelt.

Der erste Teil des Buches birgt eine Fülle an Möglichkeiten und zeigt, wie man die Engel-Symbol-Karten 1 – 49 unkompliziert und dennoch sehr effizient im Alltag einsetzen kann. Dabei habe ich großen Wert darauf gelegt, die Anwendungen so einfach wie nur möglich zu erklären. Ähnlich einem Kochbuch, in dem es heißt: Man nehme ...

Praxishandbuch der Engelsymbole

Nun ein paar kurze Erläuterungen, dann kann es losgehen:

Namenszettel

Dieser Begriff taucht sehr häufig auf. Gemeint ist ein kleiner Zettel Papier, auf den du den Namen und eventuell noch das Geburtsdatum des Menschen schreibst, dem du helfen möchtest. Du kannst stattdessen natürlich auch ein Foto verwenden.

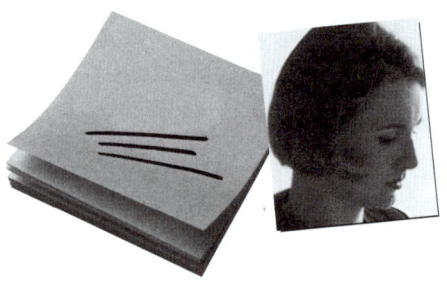

Ohne Testen – Mit Testen

Dieses Praxis-Handbuch ist so geschrieben, dass sowohl Menschen, die rein intuitiv arbeiten möchten, als auch Menschen, die mit Muskeltest, Pendel oder Einhandrute arbeiten, genaue Anleitungen finden. Jeder Vorgang wird also jeweils doppelt beschrieben: ohne Testen bzw. mit Testen.

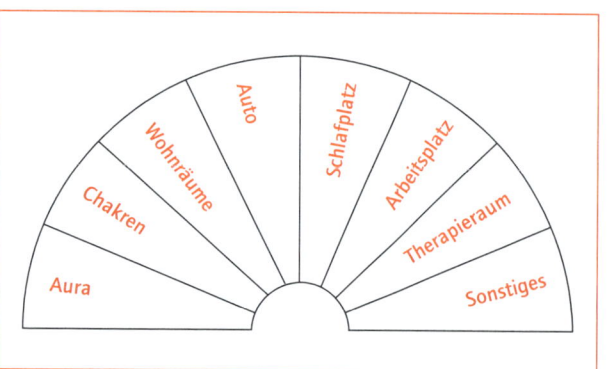

Unterstützende Engelessenzen

Wenn du intensiv mit den Engelsymbolen und Engel-Kombi-Symbolen arbeiten möchtest, kannst du deine Arbeit mit den entsprechenden Engelessenzen verstärken oder sogar verkürzen. Mehr über diese Engelessenzen findest du in meinem Buch „Engelessenzen und Engelöle", ISBN 978-3-89845-241-0.

Anwendung der Engelessenzen

Engel-Aura-Essenzen werden, wie der Name schon sagt, in die Aura, also rund um den Körper eines Menschen gesprüht. Du kannst auch Wohn-, Schlaf-, Therapie- oder Arbeitsräume damit aussprühen. Im Normalfall werden Aura-Essenzen ein- bis zweimal pro Tag verwendet.

Engel-Essenzen 1 – 49 oder
Engel-Kombi-Essenzen 1 – 59
werden eingenommen oder auf bestimmte Körperstellen aufgetropft. Die Standarddosierung ist 2 x 5 Tropfen täglich, mindestens 3 Wochen lang.

Engel-Kombi-Öl: wird auf den Körper aufgetragen und sanft einmassiert. 3 – 5 Tropfen täglich genügen.

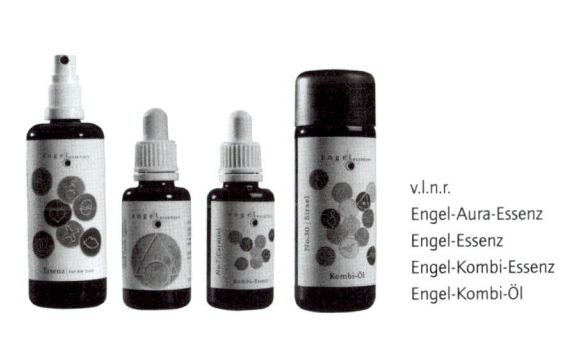

v.l.n.r.
Engel-Aura-Essenz
Engel-Essenz
Engel-Kombi-Essenz
Engel-Kombi-Öl

Symbolkarten laminieren

Lasse deine Engel-Kombi-Symbole auf der Vorder- und Rückseite in einem Copy-Shop mit einer Schutzfolie überziehen (laminieren). Dann sind die Symbole praktisch unverwüstlich. Die Engel-Energie geht durch die Folie nicht verloren!

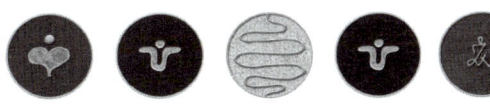

So, nun bist du an der Reihe! Viel Freude bei deiner „Arbeit" mit den Engelsymbolen wünscht dir

Ingrid Auer

P. S. Ich habe mich entschieden, dich lieber Leser, liebe Leserin, in der Du-Form anzusprechen! Einverstanden?

Abgrenzung

Alltagssituationen

Sensible, feinfühlige Menschen spüren inmitten von Menschenmengen, in öffentlichen Einrichtungen etc. die belastenden Emotionen oder Probleme anderer Menschen. Davor kann man sich ganz einfach schützen!

Ohne Testen

1. Lege alle 8 Erzengel-Symbole im Kreis

   auf und in die Mitte dieses Kreises ein Foto oder einen Namenszettel.
2. Lass alles mindestens 3 Tage liegen.

Unterstützende Engelessenz:

Engel-Aura-Essenz „Energetische

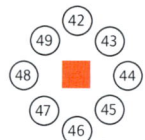

Mit Testen

1. Teste, welche und wie viele Symbolkarte(n) du benötigst.
2. Lege die Symbole um oder auf ein Foto oder einen Namenszettel.
3. Teste, wie lange die Symbole liegen bleiben sollen.

Unterstützende Engelessenz / Öl / Aura-Essenz:

Teste, welche(s) Essenz / Öl / Aura-Essenz dich am besten unterstützt. Tropfenzahl, Häufigkeit und Dauer der Anwendung austesten.

Kranke Angehörige

Manche Menschen leiden sehr mit ihren Kranken, die sie pflegen und betreuen, mit. Bitte die Engel um Unterstützung, damit du dich emotional besser abgrenzen kannst.

Ohne Testen

1. Lege auf das Foto / Namenszettel des Kranken das Symbol No. 46 | Raphael.
2. Lege auf dein Foto / deinen Namenszettel das Symbol No. 05 | Engel für Kraft und Stärke.
3. Lass alles mindestens 3 Tage liegen

Unterstützende Engelessenzen:

Engel-Aura-Essenz „Energetische Abgrenzung" für dich, Engel-Aura-Essenz „Erzengel Raphael" für den Kranken.

Mit Testen

1. Teste, welche und wie viele Symbole du auf ein Foto / einen Namenszettel des Kranken legst.
2. Teste, welche und wie viele Symbole du auf dein Foto / deinen Namenszettel legst.
3. Teste, wie lange alles darauf liegen bleibt.

Unterstützende Engelessenz / Öl / Aura-Essenz

Teste, welche(s) Essenz / Öl / Aura-Essenz dich am besten unterstützt. Tropfenzahl, Häufigkeit und Dauer der Anwendung austesten.

Engel-Aura-Essenz „Energetische Abgrenzung"
Engel-Aura-Essenz „Erzengel Raphael"

Am Morgen

Als Vorbereitung auf den kommenden Tag kannst du bereits mit den Engel-Symbol-Karten arbeiten

Ohne Testen

1. Mische alle 49 Symbolkarten und lege sie im Halbkreis auf.
2. Bitte deine Engel, dass sie dir die Symbolkarte zeigen, die für den heutigen Tag wichtig ist.
3. Ziehe eine Symbolkarte.
4. Schlag im Buch nach und lies, was dir diese Karte zu sagen hat.
5. Falls du die Botschaft nicht verstehst, ziehe eine zweite Karte. Diese erklärt die erste Karte genauer.

Unterstützende Engelessenzen:

Sprühe eine Engel-Aura-Essenz deiner Wahl über deinen Kopf in deinen feinstofflichen Körper. Wenn du dich nicht entscheiden kannst, verwende die Aura-Essenz „Engelmeditation".

Wenn du häufig dieselbe Karte ziehst, ist das ein Hinweis darauf, dass es sehr wichtig wäre, diese Energie als Engelessenz einzunehmen.

Mit Testen

1. Teste, welche Karte dir dein aktuelles Tagesthema zeigen möchte.
2. Nimm das Buch zur Hand und teste Zeile für Zeile, welche Botschaft für dich wichtig ist.

Unterstützende Engelessenzen:

Teste, welche Engel-Aura-Essenz und / oder Engelessenz 1 – 49 für dich wichtig wäre.

Benötigst du eine der Essenzen 1 – 49, dann teste weiter, wie du die Essenz am besten anwendest, in welcher Menge, in welchen Abständen und wie lange.

 Karten-Halbkreis legen

 Engel-Aura-Essenz deiner Wahl
Engel-Aura-Essenz „Engelmeditation"

Alltag

Am Abend

Ziehe als Rückblick auf den vergangenen Tag eine Engelsymbolkarte.

Ohne Testen

1. Mische alle 49 Symbolkarten und lege sie im Halbkreis auf.
2. Bitte deine Engel, dass sie dir die Symbolkarte zeigen, die am heutigen Tag wichtig war. Vielleicht enthält sie eine Botschaft zu einer Situation, die für dich schwierig oder unverständlich war.
3. Ziehe eine Karte.
4. Schlage im Buch nach und lies, was dir diese Karte zu sagen hat.
5. Falls du die Botschaft nicht verstehst, ziehe eine zweite Karte. Diese erklärt die erste Karte genauer.

Unterstützende Engelessenzen:

Sprühe eine Engel-Aura-Essenz deiner Wahl über deinen Kopf in deinen feinstofflichen Körper. Wenn du dich nicht entscheiden kannst, verwende die Aura-Essenz „Engelmeditation".

Wenn du häufig dieselbe Karte ziehst, ist das ein Hinweis darauf, dass es sehr wichtig wäre, diese Energie als Engelessenz einzunehmen.

Mit Testen

1. Teste, welche Karte dir zeigen möchte, was am heutigen Tag für dich sehr wichtig war. Vielleicht enthält sie eine Botschaft zu einer Situation, die für dich schwierig oder unverständlich war.
2. Nimm das Buch zur Hand und teste Zeile für Zeile, welche Botschaft darin für dich enthalten ist.

Unterstützende Engelessenzen:

Teste, welche Engel-Aura-Essenz und / oder Engelessenz 1 – 49 für dich wichtig wäre. Benötigst du eine der Essenzen 1 – 49, dann teste weiter, wie du die Essenz am besten anwendest, in welcher Menge, in welchen Abständen und wie lange.

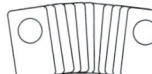

Karten-Halbkreis legen

Engel-Aura-Essenz deiner Wahl
Engel-Aura-Essenz „Engelmeditation"

Fragen

Mit dieser Methode kannst du auf alle Fragen einen Impuls aus der Engelwelt erhalten, der dir bei deinen Problemen weiter- hilft; bei komplexen Fragen arbeite mit den Legesystemen, wie im Buch „Engelsymbole" beschrieben

Ohne Testen

1. Mische alle 49 Symbolkarten und lege sie im Halbkreis auf.
2. Bitte deine Engel, dass sie dir die Symbolkarte zeigen, die dir zu deiner Frage einen wichtigen Hinweis gibt.
3. Ziehe eine Karte.
4. Schlag im Buch nach und lies, welche Botschaft dir die Symbolkarte vermitteln möchte.
5. Falls du die Botschaft nicht verstehst, ziehe eine zweite Karte. Diese erklärt die erste Karte genauer.

Unterstützende Engelessenzen:
Sprühe eine Engel-Aura-Essenz deiner Wahl über deinen Kopf in deinen fein- stofflichen Körper. Wenn du dich nicht entscheiden kannst, verwende die Aura- Essenz „Engelmeditation".

Mit Testen

1. Teste, welche Symbolkarte einen wichtigen Hinweis zu deiner Frage geben kann.
2. Nimm das Buch zur Hand und teste Zeile für Zeile, welche Botschaft für dich darin enthalten ist.

Unterstützende Engelessenzen:
Teste, welche Engel-Aura-Essenz für dich wichtig wäre.

Karten-Halbkreis legen

 Engel-Aura-Essenz deiner Wahl
Engel-Aura-Essenz „Engelmeditation"

▸ ## Entscheidung

Mit dieser Methode kannst du für alle Entscheidungen einen Impuls aus der Engelwelt erhalten, der dir weiterhilft; bei komplexen Situationen arbeite mit den Legesystemen, wie im Buch „Engelsymbole" beschrieben

Ohne Testen

1. Mische alle 49 Symbolkarten und lege sie im Halbkreis auf.
2. Bitte deine Engel, dass sie dir die Karte zeigen, die dir zu deiner Entscheidung einen wichtigen Hinweis gibt.
3. Ziehe eine Symbolkarte.
4. Schlage im Buch nach und lies, welche Botschaft dir die Karte vermitteln möchte.
5. Lege die Karte auf ein Foto / einen Namenszettel von dir und lass sie einige Tage oder Wochen liegen. Die Engelenergie unterstützt deine Situation.
6. Falls du die Botschaft nicht verstehst, ziehe eine zweite Karte. Diese erklärt die erste Karte genauer.

Unterstützende Engelessenzen:
Sprühe eine Engel-Aura-Essenz deiner Wahl über deinen Kopf in deinen feinstofflichen Körper.

Wenn du generell Probleme mit Entscheidungen hast, verwende die Essenz No. 13 | Engel für Entscheidung und Neuorientierung und / oder die Aura-Essenz „Erzengel Gabriel".

Mit Testen

1. Teste, welche Karte einen wichtigen Hinweis zu deiner Entscheidungsfindung geben kann.
2. Nimm das Buch zur Hand und teste Zeile für Zeile, welche Botschaft darin enthalten ist.
3. Lege die Karte auf ein Foto / einen Namenszettel und lass sie einige Tage oder Wochen liegen. Die Engelenergie unterstützt die Situation.

Unterstützende Engelessenzen:
Teste, welche Engel-Aura-Essenz bzw. welche der Essenzen 1 – 49 für dich wichtig wäre. Teste weiter Anwendungsart, Menge, Häufigkeit und Dauer der Engelessenz für dich aus.

Karten-Halbkreis legen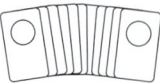

Engel-Aura-Essenz deiner Wahl
Engelessenz No. 13
Engel-Aura-Essenz „Erzengel Gabriel"

Reinigen

**Bachblüten sowie
alle anderen Blüten-,
Orchideen- und
Steine-Essenzen
sollten von Zeit zu
Zeit gereinigt
werden, da sie
energetisch nicht
versiegelt sind**

Ohne Testen

1. Stelle die Stock Bottles oder die fertige Bachblütenmischung auf die Karte No. 04 | Reinheit und Klarheit.
2. Lass sie eine halbe Minute stehen.

Unterstützende Engelessenzen:

Du kannst stattdessen die Flaschen auch mit der Aura-Essenz „Energetische Reinigung" und / oder „Erzengel Gabriel" besprühen. Das zeigt die gleiche Wirkung.

Mit Testen

1. Teste, auf welche Karte(n) die Stock Bottles oder die fertige Bachblütenmischung gestellt werden sollen und wie lange.

Unterstützende Engelessenzen:

Teste, welche Aura-Essenz die Bachblüten am besten reinigt. Du kannst im Buch nachlesen, welche Emotionen mit der Aura-Essenz gelöst werden und dadurch Rückschlüsse auf die Art der Verunreinigung ziehen.

Engelsymbol No. 04

Engel-Aura-Essenz „Energetische Reinigung"
Engel-Aura-Essenz „Erzengel Gabriel"

Einhandrute

Reinigen

Alle Hilfsmittel wie Ein-
handrute oder Pendel
sollten von Zeit zu Zeit
gereinigt werden, da
sie energetische
Belastungen auf-
nehmen können

Ohne Testen

1. Lege das eine Ende der Einhandrute
   auf die Karte No. 04 | Reinheit
   und Klarheit.
2. Lass ihn eine halbe Minute
   darauf liegen.

Unterstützende Engelessenzen:
Du kannst stattdessen die Einhandrute
mit der Aura-Essenz „Energetische
Reinigung" und /oder „Erzengel Gabriel"
besprühen. Das zeigt die gleiche
Wirkung.

Mit Testen

1. Teste, auf welche Karte(n) die Einhandrute
   gelegt wird und wie lange.

Unterstützende Engelessenzen:
Teste, welche Aura-Essenz die Einhandrute
am besten reinigt. Du kannst im Buch nachlesen, welche Emotionen mit der Aura-Essenz
gelöst werden und dadurch Rückschlüsse auf
die Art der Verunreinigung ziehen.

Schützen

Damit du und dein
Einhandrute beim
Arbeiten nur mit
positiven Energien
in Verbindung steht,
ist Schutz angesagt

Ohne Testen

1. Lege das eine Ende der Einhandrute
   auf die Karte No. 42 | Erzengel
   Michael.
2. Lass ihn eine halbe Minute
   darauf liegen.

Unterstützende Engelessenzen:
Du kannst stattdessen die Einhandrute
mit der Aura-Essenz „Erzengel Michael"
besprühen und am besten dich auch!

Mit Testen
Wie oben unter Pkt. 1 beschrieben.

Unterstützende Engelessenzen:
Wie oben beschrieben.

Engelsymbol No. 04

Engelsymbol No. 42

Engel-Aura-Essenz „Energetische Reinigung"
Engel-Aura-Essenz „Erzengel Gabriel"
Engel-Aura-Essenz „Erzengel Michael"

Reinigen

Chakren sind Energiepforten im feinstofflichen Körper. Sie nehmen Lebensenergie auf und leiten diese zu Organen und wichtigen Körperdrüsen weiter. Genauso wie unser grobstofflicher Körper, müssen diese Energiepforten immer wieder gereinigt werden.

Ohne Testen

1. Nimm die Symbolkarte No. 04 | Reinheit und Klarheit zur Hand und mach es dir bequem.
2. Entspanne dich und komme zur Ruhe. Vielleicht möchtest du dabei Meditationsmusik hören.
3. Lege die Karte der Reihe nach – von unten beginnend – auf deine 7 Hauptchakren.
4. Lass die Symbolkarte jeweils 4 bis 5 Minuten liegen, bevor du sie auf das nächste Chakra legst (Steißbein – Schambein – Nabel – Herz – Kehle – Stirn – Scheitel).

Mit Testen

1. Teste, welche und wie viele Symbolkarten du zur Reinigung deiner Chakren benötigst.
2. Teste, wie lange die Symbolkarten auf den Chakren liegen sollen.
3. Teste, ob die Symbolkarten gleichzeitig oder nacheinander aufgelegt werden.
4. Mache es dir bequem. Entspanne dich und komme zur Ruhe. Vielleicht möchtest du dabei Meditationsmusik hören.
5. Lege die Karten – so wie du es ausgetestet hast – auf deine 7 Hauptchakren auf und lasse sie dort liegen.

Unterstützende Engelessenz(en):
Sprühe die Engel-Aura-Essenz „Energetische Reinigung" auf deine Chakren. Du kannst zusätzlich die Engel-Kombi-Essenz oder das Engel-Kombi-Öl No. 12 | Haziel | Chakren verwenden.

Unterstützende Engelessenzen:
Teste, welche Engel-Aura-Essenz deine Chakren am besten reinigt.

Teste, ob du auch eine Engelessenz oder ein Engelöl benötigst.

Anwendungsmenge, Häufigkeit und Dauer austesten.

Zweites Chakra – Sakral-Chakra

Erstes Chakra – Wurzel-Chakra

Engelsymbol No. 04

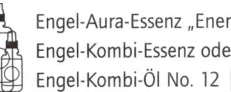

Engel-Aura-Essenz „Energetische Reinigung"
Engel-Kombi-Essenz oder
Engel-Kombi-Öl No. 12 | Haziel

Chakren

▸ Aufladen

**Chakren werden durch Stress, belastende Emotionen, Krankheit etc. geschwächt.
Um energetisch gesund zu bleiben, sollst du deine Chakren von Zeit zu Zeit aufladen.**

Ohne Testen

1 Entspanne dich und komme zur Ruhe. Vielleicht möchtest du dabei Meditationsmusik hören.
2. Lege die Karten der Reihe nach – von unten beginnend – auf deine 7 Hauptchakren und lass alle gleichzeitig ca. eine halbe Stunde liegen.

1. Chakra – No. 47 | Erzengel Uriel
2. Chakra – No. 44 | Erzengel Chamuel
3. Chakra – No. 43 | Erzengel Jophiel
4. Chakra – No. 46 | Erzengel Raphael
5. Chakra – No. 42 | Erzengel Michael
6. Chakra – No. 48 | Erzengel Zadkiel
7. Chakra – No. 45 | Erzengel Gabriel

Unterstützende Engelessenz(en):

Sprühe die Engel-Aura-Essenz „Erzengel Uriel" auf deine Chakren. Du kannst zusätzlich die Engel-Kombi-Essenz oder das Engel-Kombi-Öl No. 12 | Haziel | Chakren verwenden.

Mit Testen

1. Teste, welche und wie viele Symbolkarten du zum Aufladen deiner Chakren benötigst.
2. Teste, wie lange die Symbolkarten auf den Chakren liegen sollen.
3. Mache es dir bequem.
4. Entspanne dich und komme zur Ruhe. Vielleicht möchtest du dabei Meditationsmusik hören.
5. Lege die Karten – so wie du es ausgetestet hast – auf deine 7 Hauptchakren auf und lasse sie dort liegen.

Unterstützende Engelessenzen:

Teste, welche Engel-Aura-Essenz deine Chakren am besten auflädt.

Teste, ob du auch eine Engelessenz oder ein Engelöl benötigst.

Anwendungsmenge, Häufigkeit und Dauer austesten.

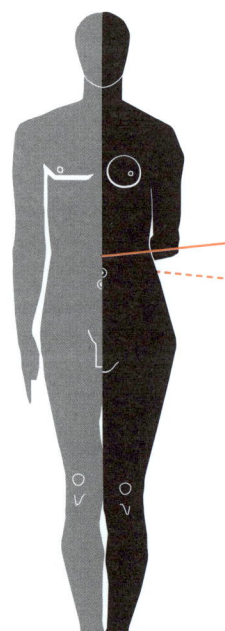

Drittes Chakra – Solarplexus-Chakra

Engelsymbol No. 45

Engel-Aura-Essenz „Erzengel Uriel"
Engel-Kombi-Essenz oder
Engel-Kombi-Öl No. 12

Vereinigen

Chakren stehen untereinander in Verbindung.

Arbeiten die Chakren harmonisch, so ist auch der Mensch ausgewogen, und umgekehrt. Krankheiten haben dadurch weniger Chancen, sich im Körper zu manifestieren.

Ohne Testen

1. Nimm die Karte No. 49 | Erzengel Metatron zur Hand und mache es dir bequem.
2. Entspanne dich und komme zur Ruhe. Vielleicht möchtest du dabei Meditationsmusik hören.
3. Lege die Karte der Reihe nach – von unten beginnend – auf deine 7 Hauptchakren.
4. Lasse die Symbolkarte jeweils 4 bis 5 Minuten liegen, bevor du sie auf das nächste Chakra legst (Steißbein – Schambein – Nabel – Herz – Kehle – Stirn – Scheitel).

Unterstützende Engelessenz(en):

Sprühe die Engel-Aura-Essenz „Erzengel Metatron" auf deine Chakren. Du kannst zusätzlich die Engel-Kombi-Essenz oder das Engel-Kombi-Öl No. 12 | Haziel | Chakren verwenden.

Mit Testen

1. Teste, welche und wie viele Symbolkarte(n) du zur Vereinigung deiner Chakren benötigst.
2. Teste, wie lange die Symbolkarte(n) auf den Chakren liegen soll(en).
3. Mache es dir bequem. Entspanne dich und komme zur Ruhe. Vielleicht möchtest du dabei Meditationsmusik hören.
4. Lege die Karten – so wie du es ausgetestet hast – auf deine 7 Hauptchakren auf und lasse sie dort liegen.

Unterstützende Engelessenz(en):

Teste, welche Engel-Aura-Essenz deine Chakren am besten heilt.

Teste, ob du auch eine Engelessenz oder ein Engelöl benötigst.

Anwendungsmenge, Häufigkeit und Dauer austesten.

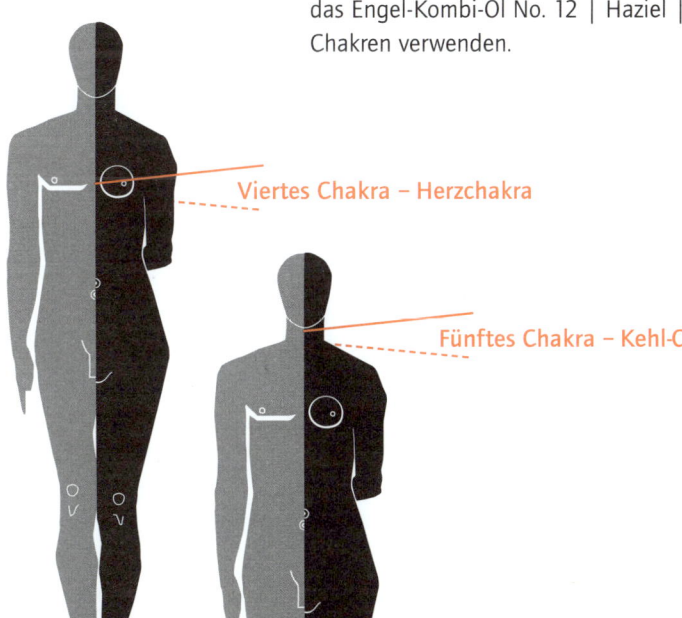

Viertes Chakra – Herzchakra

Fünftes Chakra – Kehl-Chakra

Engelsymbol No. 49

Engel-Aura-Essenz „Erzengel Metatron"
Engel-Kombi-Essenz oder
Engel-Kombi-Öl No. 12

Chakren

▸ Schützen

Wenn du häufig energetischen Belastungen ausgesetzt bist, wenn du mit Kranken arbeitest, wenn du therapeutisch arbeitest, wenn du Fremdenergien und Besetzungen ins Licht führst, dann ist es für dein eigenes Wohl sehr wichtig, auf deine Chakren zu achten und sie zu schützen. Diese Meditation ist sehr einfach durchzuführen und sollte regelmäßig wiederholt werden.

Ohne Testen

1. Nimm die Symbolkarte No. 42 | Erzengel Michael zur Hand und mache es dir bequem.
2. Entspanne dich und komme zur Ruhe. Vielleicht möchtest du dabei Meditationsmusik hören.
3. Lege die Karte der Reihe nach – von unten beginnend – auf deine 7 Hauptchakren.
4. Lasse die Symbolkarte jeweils 4 bis 5 Minuten liegen, bevor du sie auf das nächste Chakra legst (Steißbein – Schambein – Nabel – Herz – Kehle – Stirn – Scheitel).

Unterstützende Engelessenz(en):

Sprühe die Engel-Aura-Essenz „Erzengel Michael" auf deine Chakren. Du kannst zusätzlich die Engel-Kombi-Essenz oder das Engel-Kombi-Öl No. 12 | Haziel | Chakren verwenden.

Mit Testen

1. Teste, welche und wie viele Symbolkarte(n) deine Chakren schützt.
2. Teste, wie lange die Symbolkarte(n) auf den Chakren liegen soll(en).
3. Mache es dir bequem. Entspanne dich und komme zur Ruhe. Vielleicht möchtest du dabei Meditationsmusik hören.
4. Lege die Karten – so wie du es ausgetestet hast – auf deine 7 Hauptchakren auf und lass sie liegen.

Unterstützende Engelessenzen:

Teste, welche Engel-Aura-Essenz deine Chakren am besten heilt.

Teste, ob du auch eine Engelessenz oder ein Engelöl benötigst.

Anwendungsmenge, Häufigkeit und Dauer austesten.

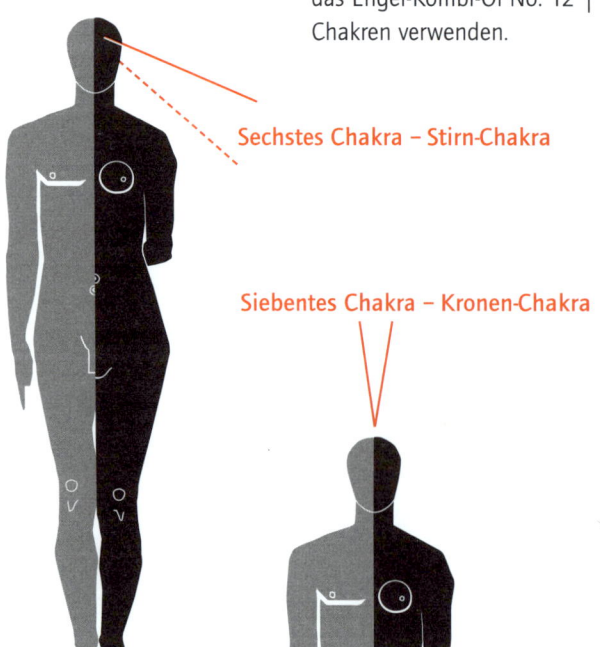

Sechstes Chakra – Stirn-Chakra

Siebentes Chakra – Kronen-Chakra

Engelsymbol No. 42

Engel-Aura-Essenz „Erzengel Michael"
Engel-Kombi-Essenz oder
Engel-Kombi-Öl No. 12

„Cutting"

bedeutet Schneiden und ist eine hilfreiche, energetische Methode, die von Phyllis Krystal in ihrem Buch „Die inneren Fesseln sprengen" vorgestellt wird. Dabei werden emotionale Fesseln durchtrennt und Abhängigkeiten aufgelöst.

Eine vereinfachte Form und dennoch sehr effiziente Methode stellt ein Cutting mit Engelsymbolen dar.

Ohne Testen

1. Ziehe 15 Symbolkarten.
2. Lege alle Karten in Form einer aufgestellten „Acht" (siehe Skizze) aus. Entscheide dabei intuitiv, in welcher Reihenfolge du die Karten auslegst.
3. Lege in den unteren Kreis der Acht ein Foto oder eine Zeichnung der Person, von der etwas weggenommen („gecuttet") werden soll.
4. Lege in den oberen Kreis ein Foto oder eine Zeichnung der Person, die „gecuttet" werden soll.
5. Lasse die Symbol-Acht mindestens 3 Wochen liegen.

Unterstützende Engelessenzen:

Engel-Aura-Essenz „Energetische Abgrenzung"

Mit Testen

1. Teste, welche und wie viele Symbolkarten für das Cutting benötigt werden.
2. Teste, in welcher Reihenfolge die Karten als „Acht" gelegt werden.
3. Teste, in welchen Kreis der Acht ein Foto oder eine Zeichnung der Person / des Gegenstandes, von der / dem etwas „gecuttet" werden soll, gelegt wird.
4. Lege nun in den anderen Kreis der Acht ein Foto oder eine Zeichnung der Person / des Gegenstandes, die / der „gecuttet" werden soll.
5. Teste, wie lange die Symbol-Acht liegen soll.
6. Teste, ob nach dieser Zeit eine weitere Acht nötig ist.

Unterstützende Engelessenz / Öl / Aura-Essenz:

Teste, welche(s) Essenz / Öl / Aura-Essenz dich am besten unterstützt. Tropfenzahl, Häufigkeit und Dauer der Anwendung austesten.

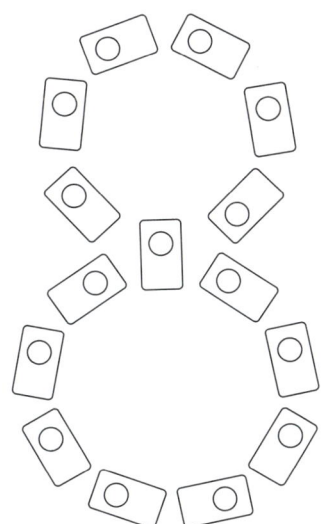

 Engel-Aura-Essenz „Energetische Abgrenzung"

Empfängnis

Kinderwunsch

Mit Hilfe der Engelwelt kann eine Empfängnis auf der Engelebene unterstützt und begleitet werden. Vergiss jedoch nie, dass nicht immer ein Kind im Lebensplan enthalten ist. Dann dürfen auch die Engel nicht eingreifen!

Buchtipp:
Ingrid Auer
"Engel begleiten durch Schwangerschaft, Geburt und die Zeit danach."
ISBN 978-3-9502151-2-0

Ohne Testen

1   Suche dir die Karte No. 45 | Erzengel Gabriel und lege sie einige Wochen oder Monate auf ein Foto / einen Namenszettel von dir.
2. Schreibe deinen Wunsch / deine Bitte dazu!

Unterstützende Engelessenz:
Engel-Aura-Essenz „Erzengel Gabriel"

Mit Testen

1. Teste, welches Symbol du auf ein Foto / einen Namenszettel von dir legen sollst.
2. Schreibe deinen Wunsch / deine Bitte dazu.
3. Teste, wie lange das Symbol liegen soll.

Unterstützende Engelessenzen:
Teste, mit welcher Aura-Essenz du dich zusätzlich besprühen sollst (Häufigkeit, Zeitraum).

Engelsymbol No. 45

Engel-Aura-Essenz „Erzengel Gabriel"

Räume und Häuser

sind oft jahre-, jahrzehnte- und sogar jahrhundertelang mit negativen Energien belastet. Möglicherweise wurde das Gebäude auf einem ehemaligen Friedhof oder Schlachtfeld erbaut, oder es blieben im Laufe der Zeit belastende Emotionen etc. in den Wänden gespeichert.

Ohne Testen

1. Zeichne das verunreinigte Haus oder mache ein Foto davon. Du kannst auch einen Bauplan verwenden, den du mit einem Kopiergerät verkleinerst.
2. Lege die Symbolkarten No. 04 | Reinheit und Klarheit und No. 45 | Erzengel Gabriel darauf und lasse sie einige Wochen liegen.

Unterstützende Engelessenzen:

Engel-Aura-Essenz „Energetische Reinigung" – kombiniere sie in hartnäckigen Fällen mit der Engel-Aura-Essenz „Erzengel Gabriel". Alle Räume (wiederholt) aussprühen.

Mit Testen

1. Zeichne das verunreinigte Haus oder mache ein Foto davon. Du kannst auch einen Bauplan verwenden, den du mit einem Kopiergerät verkleinerst.
2. Teste, welche und wie viele Symbolkarten du auf die Skizze / das Foto / den Bauplan legen sollst und wie lange sie liegen bleiben sollen.

Unterstützende Engelessenzen:

Teste, welche Engel-Aura-Essenz für die Reinigung der Räume am besten geeignet ist. Alle Räume (wiederholt) aussprühen (teste Häufigkeit und Abstand).

Personen

ziehen immer wieder energetische Verunreinigungen an. Sei es durch belastende Emotionen, Alkohol, Drogen, Verstorbene etc. Siehe hierzu auch das Buch „Engelessenzen und Engelöle".

Ohne Testen

1. Suche dir die Karte No. 04 | Reinheit und Klarheit und lege sie einige Wochen oder Monate auf ein Foto / einen Namenszettel von dir oder der zu reinigenden Person.

Unterstützende Engelessenzen:

Engel-Aura-Essenz „Energetische Reinigung". In hartnäckigen Fällen solltest du zusätzlich die Engel-Kombi-Essenz No. 24 | Sorael verwenden.

Mit Testen

1. Teste, welche Symbolkarte du auf ein Foto / einen Namenszettel von dir legen sollst.
2. Teste, wie lange die Symbolkarte liegen soll.

Unterstützende Engelessenzen:

Teste, mit welcher Aura-Essenz du / die zu reinigende Person zusätzlich besprüht werden soll(st) – (Häufigkeit, Zeitraum austesten). Teste weiter, ob die Engel-Kombi-Essenz No. 24 | Sorael zum Einsatz kommen soll (Tropfenzahl, Häufigkeit, Einnahmedauer austesten).

Engelsymbol No. 04

Engelsymbol No. 45

Engel-Aura-Essenz „Energetische Abgrenzung"
Engel-Kombi-Essenz No. 24

Engelmeditation

► Schutzengel

sind deine ganz
persönlichen Engel,
die nur dir zugeord-
net sind. Sie sind den
Erzengeln unterstellt.

Ohne Testen

1. Ziehe 18 Symbolkarten und lege sie in einen Kreis am Boden, in den du dich während der Meditation setzt.
   Oder: Lege mit den 18 Symbolkarten einen Kreis, in den du ein Foto von dir (von anderen) legst.
2. Lies die Affirmationen auf den Karten. Somit weißt du, was deine nächsten Lernschritte sind.
3. Begib dich nun in die Meditation und nimm Kontakt mit deinem Schutzengel auf.
4. Bitte ihn, dir bei deinen Lernschritten zu helfen.
5. Dies kannst du natürlich auch für andere Menschen durchführen.

Unterstützende Engelessenzen:
Engel-Aura-Essenz „Engelmeditation"

Mit Testen

1. Teste, wie viele Symbolkarten du benötigst.
2. Schlage den Text zu den einzelnen Karten nach.
3. Teste, welche Textpassagen für dich genau zutreffen.
4. Fahre fort wie links beschrieben.

Unterstützende Engelessenz / Öl / Aura-Essenz:

Teste, welche(s) Essenz /Öl /Aura-Essenz dich am besten unterstützt. Tropfenzahl, Häufigkeit und Dauer der Anwendung austesten.

► Erzengel

sind hohe Engelwesen,
die allen Menschen und
Wesen zur Seite stehen.
Ihnen sind Schutzengel
und Helferengel unter-
stellt.

Ohne Testen

1. Lege alle 8 Erzengel-Symbolkarten aus und fahre fort wie unter „Schutzengel" beschrieben.

Unterstützende Engelessenz:
Engel-Aura-Essenz „Engelmeditation"

Mit Testen

1. Teste, welche Erzengel-Symbolkarten du benötigst.
2. Gehe weiter vor wie unter „Schutzengel" beschrieben.

Unterstützende Engelessenz / Öl / Aura-Essenz:

Teste, welche(s) Essenz /Öl /Aura-Essenz dich am besten unterstützt. Tropfenzahl, Häufigkeit und Dauer der Anwendung austesten.

 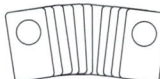 Kartenkreis legen

 Engel-Aura-Essenz „Engelmeditation"

Helferengel

sind Helfer für alle Lebenslagen. Ihre Themen sind Glauben, Vertrauen, Liebe, Selbstliebe, Entscheidung etc. (siehe Symbol-karten 1 – 41).

Ohne Testen

1. Ziehe 5 Symbolkarten und fahre fort wie unter „Schutzengel" beschrieben.

Unterstützende Engelessenz:
Engel-Aura-Essenz „Engelmeditation"

Mit Testen

1. Teste, welche Symbolkarten du benötigst.
2. Gehe weiter vor wie unter „Schutzengel" beschrieben.

Unterstützende Engelessenz / Öl / Aura-Essenz:
Teste, welche(s) Essenz / Öl / Aura-Essenz dich am besten unterstützt. Tropfenzahl, Häufigkeit und Dauer der Anwendung austesten.

Intensivieren

Es gibt Lebenslagen, in denen Engelhilfe ganz besonders stark benötigt wird.

Ohne Testen

1. Ziehe 5 Symbolkarten und lege sie um ein Foto von dir (von anderen).
2. Bitte während der Meditation um Intensivierung deines Kontaktes zur Engelwelt.

Unterstützende Engelessenzen:
Engel-Aura-Essenz „Engelmeditation"

Mit Testen

1. Teste, welche und wie viele Symbolkarten du um ein Foto / Zeichnung von dir (von anderen) auflegen sollst.
2. Bitte während der Meditation um Intensivierung deines Kontaktes zur Engelwelt.

Unterstützende Engelessenz / Öl / Aura-Essenz:
Teste, welche(s) Essenz / Öl / Aura-Essenz dich am besten unterstützt. Tropfenzahl, Häufigkeit und Dauer der Anwendung austesten.

5 Symbolkarten ziehen Engel-Aura-Essenz „Engelmeditation"

Entscheidung

Entscheidung

Mit dieser Methode kannst du für alle Entscheidungen einen Impuls aus der Engelwelt erhalten, der dir weiter hilft; bei komplexen Situationen arbeite mit den Legesystemen, wie im Buch „Engelsymbole" beschrieben

Ohne Testen

1. Mische alle 49 Symbolkarten und lege sie im Halbkreis auf.
2. Bitte deine Engel, dass sie dir die Karte zeigen, die dir zu deiner Entscheidung einen wichtigen Hinweis gibt.
3. Ziehe eine Symbolkarte.
4. Schlage im Buch nach und lies, welche Botschaft dir die Karte vermitteln möchte.
5. Lege die Karte auf ein Foto / einen Namenszettel von dir und lass sie einige Tage oder Wochen liegen. Die Engelenergie unterstützt deine Situation.
6. Falls du die Botschaft nicht verstehst, ziehe eine zweite Karte. Diese erklärt die erste Karte genauer.

Unterstützende Engelessenzen:

Sprühe eine Engel-Aura-Essenz deiner Wahl über deinen Kopf in deinen feinstofflichen Körper.

Wenn du generell Probleme mit Entscheidungen hast, verwende die Essenz No. 13 | Engel für Entscheidung und Neuorientierung und / oder die Aura-Essenz „Erzengel Gabriel".

Mit Testen

1. Teste, welche Karte einen wichtigen Hinweis zu deiner Entscheidungsfindung geben kann.
2. Nimm das Buch zur Hand und teste Zeile für Zeile, welche Botschaft darin enthalten ist.
3. Lege die Karte auf ein Foto / einen Namenszettel und lass sie einige Tage oder Wochen liegen. Die Engelenergie unterstützt die Situation.

Unterstützende Engelessenzen:

Teste, welche Engel-Aura-Essenz bzw. welche der Essenzen 1 – 49 für dich wichtig wäre. Teste weiter Anwendungsart, Menge, Häufigkeit und Dauer der Engelessenz für dich aus.

Karten-Halbkreis legen

Engel-Aura-Essenz deiner Wahl
Engelessenz No. 13
Engel-Aura-Essenz „Erzengel Gabriel"

Plätze

benötigen manchmal Heilenergien, genauso wie die Menschen, die dort leben

Ohne Testen

1. Zeichne den betreffenden Platz oder mache ein Foto davon. Du kannst auch einen Landschaftsplan verwenden, den du mit einem Kopiergerät verkleinerst.
2. Lege die Symbolkarten No. 46 | Erzengel Raphael und No. 47 | Erzengel Uriel darauf und lasse sie einige Wochen liegen.

Mit Testen

1. Zeichne den betreffenden Platz oder mache ein Foto davon. Du kannst auch einen Landschaftsplan verwenden, den du mit einem Kopiergerät verkleinerst.
2. Teste, welche und wie viele Symbolkarten du darauf legen sollst und wie lange.

Regionen

Das Gleiche gilt für ganze Regionen und Länder

Ohne Testen

Wie oben.

Verwende jedoch eine Landkarte, die du verkleinerst.

Mit Testen

Wie oben.

Verwende jedoch eine Landkarte, die du verkleinerst.

Engelsymbol No. 46

Engelsymbol No. 47

Erdung

› Generelles Abgehoben-Sein

Es gibt Menschen, die mehr in der geistigen Welt als in der irdischen leben. Dadurch können sich viele Probleme im Alltag ergeben.

Ohne Testen

1. Mache eine Meditation deiner Wahl und lege dabei die Symbolkarte No. 47 | Erzengel Uriel unter deine Fußsohlen.

Unterstützende Engelessenzen:
Sprühe dich häufig mit der Engel-Aura-Essenz „Erzengel Uriel" ein.
In hartnäckigen Fällen solltest du auch die Engelessenz No. 47 | Erzengel Uriel einnehmen.

Mit Testen

1. Mache eine Meditation deiner Wahl.
2. Teste, welche Symbolkarte(n) du dabei benötigst.
3. Teste, auf welche Körperstelle du sie während der Meditation legen sollst.

Unterstützende Engelessenzen:
Teste, welche Engel-Aura-Essenzen du verwenden solltest (Dauer, Häufigkeit der Anwendung austesten). Teste in hartnäckigen Fällen auch eine Engelessenz zum Einnehmen aus (Tropfenzahl, Häufigkeit, Anwendungsdauer austesten).

› Nach Meditationen

Fällt es manchmal schwer, wieder in die Realität zurückzukehren und sich zu verankern.

Ohne Testen

1. Lege nach allen Meditationen, die du machst, für 5 Minuten die Symbolkarte No. 47 | Erzengel Uriel unter deine Fußsohlen.

Unterstützende Engelessenzen:
Sprühe dich häufig mit der Engel-Aura-Essenz „Erzengel Uriel" ein.
In hartnäckigen Fällen solltest du auch die Engelessenz No. 47 | Erzengel Uriel einnehmen.

Mit Testen

1. Teste, welche Symbolkarte du nach einer Meditation benötigst.
2. Teste weiter, auf welche Körperstelle du sie wie lange legen sollst.
3. Teste, über welchen Zeitraum oder wie oft du diesen Vorgang wiederholen sollst.

Unterstützende Engelessenzen:
Teste, mit welcher Engel-Aura-Essenz du dich einsprühst (Dauer, Häufigkeit der Anwendung austesten) bzw. welche Engelessenz du einnehmen sollst (Tropfenzahl, Häufigkeit, Anwendungsdauer austesten).

› Engelsymbol No. 47

Engel-Aura-Essenz „Erzengel Uriel"
Engelessenz No. 47

Am Morgen

Nach Astralreisen während des Schlafens brauchen manche Menschen Unterstützung, um sich wieder ganz im Körper zu verankern.

Ohne Testen

1. Nimm nach dem Aufwachen die Symbolkarte No. 47 | Erzengel Uriel zur Hand und vertiefe dich 2 Minuten lang in die Karte.

Unterstützende Engelessenzen:

Sprühe dich häufig mit der Engel-Aura-Essenz „Erzengel Uriel" ein. In hartnäckigen Fällen solltest du auch die Engelessenz No. 47 | Erzengel Uriel einnehmen.

Mit Testen

1. Teste, welche Symbolkarte du nach dem Aufwachen zur Hand nehmen sollst.
2. Teste, was mit der Karte geschehen soll (anschauen, auflegen, Wasser energetisieren etc.).

Unterstützende Engelessenzen:

Teste, mit welcher Engel-Aura-Essenz du dich einsprühst (Dauer, Häufigkeit der Anwendung austesten) bzw. welche Engelessenz du einnehmen sollst (Tropfenzahl, Häufigkeit, Anwendungsdauer austesten).

Während und nach Flugreisen

Vor allem um Jetlag vorzubeugen, gibt es eine einfache Hilfe, den grobstofflichen und den feinstofflichen Körper, die durch die Fluggeschwindigkeit auseinanderdriften, wieder zusammenzuführen.

Ohne Testen

1. Nimm die Symbolkarte No. 47 | Erzengel Uriel und trage sie am Körper (Brusttasche, Jackentasche) oder in Körpernähe (Handtasche).

Unterstützende Engelessenz:

Sprühe dich vor und nach dem Flug mit der Engel-Aura-Essenz „Erzengel Uriel" ein.

Mit Testen

1. Teste, welche Symbolkarte du nehmen sollst und wende sie an, wie links beschrieben.

Unterstützende Engelessenzen:

Sprühe dich vor und nach dem Flug mit der Engel-Aura-Essenz „Erzengel Uriel" ein.

Engelsymbol No. 47

Engel-Aura-Essenz „Erzengel Uriel"
Engelessenz No. 47

Familie

▸ Konflikte

können mit Hilfe der Engel entschärft werden.

Ohne Testen

1. Schreibe auf einen Zettel die Namen aller Familienmitglieder, die am Konflikt beteiligt sind.
2. Nimm die Symbolkarte No. 44 | Erzengel Chamuel und lege sie auf den Namenszettel.
3. Lasse sie einige Tage / Wochen darauf liegen.

Unterstützende Engelessenz:
Sprühe die Wohnräume zweimal täglich mit der Engel-Aura-Essenz „Erzengel Chamuel" aus.

Mit Testen

1. Schreibe auf einen Zettel die Namen aller Familienmitglieder, die am Konflikt beteiligt sind.
2. Prüfe nach, ob du niemanden vergessen hast – es können Außenstehende, eventuell sogar Verstorbene am Konflikt beteiligt sein.
3. Teste, welche Symbolkarte(n) du auf den Zettel legen sollst und wie lange.
4. Lies im Buch nach, was die Symbole erzählen (Hintergründe zum Konflikt!)

Unterstützende Engelessenzen:
Teste, mit welcher Engel-Aura-Essenz du welche Wohnräume aussprühen sollst, wie oft und wie lange.

▸ Engelsymbol No. 47

Engel-Aura-Essenz „Erzengel Chamuel"

Aggressionen

Übergib sie mit einer Bitte um Auflösung der Engelwelt.

Ohne Testen

1. Schreibe auf einen Zettel die Namen aller Familienmitglieder, die offensichtliche oder unterdrückte Aggressionen in sich tragen.
2. Nimm die Symbolkarten No. 40 | Göttliche Kraft und No. 14 | Liebe und Bedingungslosigkeit und lege sie auf den Namenszettel.
3. Lasse sie einige Tage / Wochen darauf liegen.

Unterstützende Engelessenzen:

Sprühe die Wohnräume zweimal täglich mit der Engel-Aura-Essenz „Erzengel Chamuel" aus.

Mit Testen

1. Schreibe auf einen Zettel die Namen aller Familienmitglieder, die offensichtliche oder unterdrückte Aggressionen in sich tragen.
2. Prüfe nach, ob du niemanden vergessen hast – es können Außenstehende, eventuell sogar Verstorbene an diesen Aggressionen beteiligt sein.
3. Teste, welche Symbolkarte(n) du auf den Zettel legen sollst und wie lange.
4. Lies im Buch nach, was die Symbole erzählen (Hintergründe zu den Aggressionen!)

Unterstützende Engelessenzen:

Teste, mit welcher Engel-Aura-Essenz du welche Wohnräume aussprühen sollst, wie oft und wie lange.

Engelsymbol No. 40   Engelsymbol No. 14

 Engel-Aura-Essenz „Erzengel Chamuel"

Familie

Auseinander-brechen

Wenn eine Familie aus-einander zu brechen droht, kannst du die Engelwelt um Hilfe bitten und – wenn es sein muss – um die sanfte Auflösung der Familie.

Ohne Testen

1. Schreibe auf einen Zettel die Namen aller Familienmitglieder.
2. Nimm die Symbolkarten No. 37 | All-Liebe und No. 20 | Liebe und Beziehungen und lege sie auf den Namenszettel.
3. Lasse sie einige Tage / Wochen darauf liegen.

Unterstützende Engelessenz:

Sprühe die Wohnräume zweimal täglich mit der Engel-Aura-Essenz „Erzengel Chamuel" aus.

Mit Testen

1. Schreibe auf einen Zettel die Namen aller Familienmitglieder.
2. Prüfe nach, ob du niemanden vergessen hast – es kann sein, dass ein Außen-stehender oder sogar ein Verstorbener energetisch am Auseinanderbrechen beteiligt ist.
3. Teste, welche Symbolkarte(n) du auf den Zettel legen sollst und wie lange.
4. Lies im Buch nach, was die Symbole erzählen (Hintergründe zum Auseinander-brechen!)

Unterstützende Engelessenzen:

Teste, mit welcher Engel-Aura-Essenz du welche Wohnräume aussprühen sollst, wie oft und wie lange.

Engelsymbol No. 37

Engelsymbol No. 20

Engel-Aura-Essenz „Erzengel Chamuel"

Vorbereiten

Einige Tage oder zumindest Stunden vor einer Familienaufstellung kannst du die Engel bereits einbeziehen.

Ohne Testen

1. Nimm die Symbolkarte No. 44 | Erzengel Chamuel zur Hand und lege sie auf ein Foto oder einen Namenszettel von dir und deiner Familie (es genügt, „meine Familie" darauf zu schreiben).

Unterstützende Engelessenz:

Sprühe dich ein paar Mal mit der Engel-Aura-Essenz „Erzengel Chamuel" ein.

Mit Testen

1. Teste, welche Symbolkarte du auf ein Foto oder einen Namenszettel von dir und deiner Familie legen sollst.
2. Teste genau, wie viele und welche Familienmitglieder auf dem Namenszettel angeführt sein müssen. Dies ist bereits ein Hinweis auf deine Familienaufstellung.

Unterstützende Engelessenz:

Teste, mit welcher Engel-Aura-Essenz du dich ein paar Mal vor der Familienaufstellung einsprühen sollst (Häufigkeit).

Begleiten

Während einer Familienaufstellung ist Engelschutz eine wichtige Begleitung.

Ohne Testen

1. Wähle unmittelbar vor der Familienaufstellung folgende fünf Symbolkarten aus:
   - No. 11 | Sicherheit und Geborgenheit
   - No. 26 | Erneuerung und Entwicklung
   - No. 36 | Loslassen
   - No. 37 | All-Liebe
   - No. 38 | Karmaerlösung
2. Lege mit diesen Karten einen Schutzkreis und platziere in dessen Mitte ein Foto von dir und deiner Familie oder den Namenszettel „meine Familie".
3. Lasse den Kreis für mindestens fünf Stunden liegen, egal, wie lange die Aufstellung dauert.

Unterstützende Engelessenz:

Engel-Aura-Essenz „Erzengel Michael".

Mit Testen

1. Teste, mit wie vielen und welchen Symbolkarten du einen Schutzkreis für die Familienaufstellung legen sollst.
2. Teste genau, wie viele und welche Familienmitglieder auf dem Namenszettel angeführt sein müssen, den du in den Schutzkreis legst.
3. Teste, wie lange der Namenszettel im Schutzkreis liegen bleiben soll.

Unterstützende Engelessenz:

Teste, mit welcher Engel-Aura-Essenz du dich ein paar Mal unmittelbar vor der Familienaufstellung einsprühen sollst.

Engelsymbol No. 44

 Schutzkreis

 Engel-Aura-Essenz „Erzengel Chamuel"
Engel-Aura-Essenz „Erzengel Michael"

Familienaufstellung

▶ Nachbetreuen

Das Auflösen von Problemen, die aus der Ursprungsfamilie oder aus früheren Generationen herrühren, bedarf oft der Hilfe aus der Engelwelt.

Ohne Testen

1. Nimm frühestens fünf Stunden nach der Familienaufstellung die Symbolkarte No. 48 | Erzengel Zadkiel zur Hand und lege sie auf das Foto oder den Namenszettel.
2. Lasse die Symbolkarte mindestens zehn Tage liegen.

Unterstützende Engelessenzen:
Sprühe dich zweimal täglich mit der Engel-Aura-Essenz „Erzengel Zadkiel" kräftig ein. Unterstützend dazu kannst du die Engelessenz No. 05 | Kraft und Stärke einnehmen.

Mit Testen

1. Teste, welche und wie viele Symbolkarten du nach der Familienaufstellung auf das Foto oder den Namenszettel legen sollst.
2. Teste, wie lange die Symbolkarte(n) liegen bleiben sollen.

Unterstützende Engelessenzen:
Teste, welche Engel-Aura-Essenz bzw. welche Engelessenz du benötigst. Teste Anwendungshäufigkeit, Menge und Dauer exakt aus.

▶ Engelsymbol No. 48

Engel-Aura-Essenz „Erzengel Zadkiel"
Engelessenz No. 05

Fragen

Mit dieser Methode kannst du auf alle Fragen einen Impuls aus der Engelwelt erhalten, der dir bei deinen Problemen weiterhilft; bei komplexen Fragen arbeite mit den Legesystemen, wie im Buch „Engelsymbole" beschrieben.

Ohne Testen

1. Mische alle 49 Symbolkarten und lege sie im Halbkreis auf.
2. Bitte deine Engel, dass sie dir die Symbolkarte zeigen, die dir zu deiner Frage einen wichtigen Hinweis gibt.
3. Ziehe eine Karte.
4. Schlag im Buch nach und lies, welche Botschaft dir die Symbolkarte vermitteln möchte.
5. Falls du die Botschaft nicht verstehst, ziehe eine zweite Karte. Diese erklärt die erste Karte genauer.

Unterstützende Engelessenzen:

Sprühe eine Engel-Aura-Essenz deiner Wahl über deinen Kopf in deinen feinstofflichen Körper. Wenn du dich nicht entscheiden kannst, verwende die Aura-Essenz „Engelmeditation".

Mit Testen

1. Teste, welche Symbolkarte einen wichtigen Hinweis zu deiner Frage geben kann.
2. Nimm das Buch zur Hand und teste Zeile für Zeile, welche Botschaft für dich darin enthalten ist.

Unterstützende Engelessenzen:

Teste, welche Engel-Aura-Essenz für dich wichtig wäre.

 Karten-Halbkreis legen

 Engel-Aura-Essenz „Engelmeditation"

Geburt

Vorbereitung

In den letzten Wochen vor der Geburt kannst du dich bereits auf das große Ereignis vorbereiten

Buchtipp:
Ingrid Auer
"Engel begleiten durch Schwangerschaft, Geburt und die Zeit danach."
ISBN 978-3-9502151-2-0

Ohne Testen

1. Nimm die Symbolkarte No. 42 | Erzengel Michael zur Hand.
2. Lege sie während des Tages – wenn du Ruhepausen einlegst – immer wieder auf deinen Babybauch.

Unterstützende Engelessenzen:
Sprühe in den letzten zwei Schwangerschaftsmonaten regelmäßig die Engel-Aura-Essenz „Norael" in deine Aura. Sie begleitet dein Baby von der feinstofflichen in die grobstoffliche Welt.

Gleichzeitig kannst du die Engelessenz No. 42 | Erzengel Michael einnehmen.

Mit Testen

1. Teste, welche Symbolkarte(n) du auf deinen Babybauch legen sollst.
2. Teste, wie oft und wie lange.

Unterstützende Engelessenzen:
Teste, mit welcher Engel-Aura-Essenz du dein Baby bereits jetzt willkommen heißen kannst.

Teste, ob du vielleicht noch eine Engelessenz einnehmen sollst, die dich und das Kind auf die Geburt vorbereiten (Menge, Häufigkeit, Dauer austesten).

Engelsymbol No. 42

Engel-Aura-Essenz „Baby & Kleinkind | Beruhigung"
Engelessenz No. 42

Begleitung

Bitte jemanden, während der Geburt für dich und das Kind mit den Engelsymbolen zu arbeiten.

Ohne Testen

1. Während der Geburt sollte jemand für dich und das Kind einen Schutzkreis mit allen 8 Erzengeln legen.
2. In die Mitte ein Foto oder einen Namenszettel legen.
3. Liegen lassen, bis die Geburt vorüber ist.

Unterstützende Engelessenzen:

Während der Geburt wiederholt mit der Engel-Aura-Essenz „Erzengel Gabriel" besprühen. Du kannst auch die Engel-Kombi-Essenz No. 18 | Vaniel einnehmen oder auf den Körper auftropfen (halbstündlich) oder das Engel-Kombi-Öl No. 18 | Vaniel sanft in den Beckenbereich einmassieren.

Mit Testen

1. Teste, welche und wie viele Symbolkarten du als Schutzkreis während der Geburt auslegen sollst.
2. Fahre fort wie links beschrieben.

Unterstützende Engelessenzen:

Teste, welche Engel-Aura-Essenz für dich und dein Kind während der Geburt die idealste Begleitung und Unterstützung ist. Teste, ob du während der Geburt eine Engelessenz oder ein Engelöl benötigst (Anwendungsart, Menge, Häufigkeit austesten).

Kraftschöpfen

Jede Geburt ist gleichzeitig auch ein Kraftakt. Du kannst dir Kraft und Lebensenergie aus der Engelwelt holen.

Ohne Testen

1. Nimm die Symbolkarte No. 47 | Erzengel Uriel zur Hand.
2. Lege sie während des Tages – während Ruhepausen – immer wieder unter dein Steißbein.

Unterstützende Engelessenzen:

Sprühe in den ersten Wochen nach der Geburt regelmäßig die Engel-Aura-Essenz „Erzengel Uriel" in deine Aura. Gleichzeitig kannst du die Engelessenz No. 47 | Erzengel Uriel einnehmen.

Mit Testen

1. Teste, welche Symbolkarte(n) du unter dein Steißbein legen sollst.
2. Teste, wie oft und wie lange.

Unterstützende Engelessenzen:

Teste, mit welcher Engel-Aura-Essenz du nach der Geburt wieder Kräfte aufbauen kannst. Teste, ob du vielleicht noch eine Engelessenz einnehmen sollst, die dich nach der Geburt unterstützt (Menge, Häufigkeit, Dauer austesten).

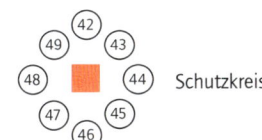 Schutzkreis

 Engelsymbol No. 47

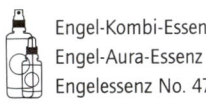 Engel-Kombi-Essenz No. 18
Engel-Aura-Essenz „Uriel"
Engelessenz No. 47

Gelübde

▸ Auflösen

Mit Hilfe der Engel darfst du Gelübde (auch aus früheren Leben) auflösen, die dich heute blockieren oder emotional belasten. Es ist nicht nötig zu wissen, was du gelobt hast. Die Engel helfen dir dabei.

Ohne Testen

1. Nimm die Symbolkarte No. 48 | Erzengel Zadkiel zur Hand.
2. Lege dich entspannt hin und bitte die Engelwelt, alle alten Gelübde, die dich emotional belasten oder blockieren, aufzulösen.
3. Lege die Karte für etwa 20 Minuten auf deine Stirn und entspanne dich.
4. Bedanke dich bei Erzengel Zadkiel und der Engelwelt.

Unterstützende Engelessenzen:
Engel-Aura-Essenz „Erzengel Zadkiel" und / oder zum Einnehmen Engelessenz No. 48 | Erzengel Zadkiel.

Mit Testen

1. Teste, welche und wie viele Symbolkarten du benötigst.
2. Teste, auf welche Körperstelle und wie lange du die Symbolkarte auflegen sollst.
3. Lege dich entspannt hin und bitte die Engelwelt, alle Gelübde, die dich emotional belasten oder blockieren, aufzulösen.
4. Bedanke dich bei den Engeln.

Unterstützende Engelessenzen:
Teste, welche Engel-Aura-Essenz und / oder Engelessenz du als Unterstützung verwenden kannst (Anwendungsform, Häufigkeit, Dauer, Menge).

▸ Reinigen

Manche Gelübde haben dich über viele Jahre oder sogar über viele Leben blockiert und gehemmt. Du darfst jetzt alle Blockaden aus deiner Aura löschen.

Ohne Testen

1. Nimm die Symbolkarte No. 45 | Erzengel Gabriel zur Hand.
2. Lege dich entspannt hin und bitte die Engelwelt, alle Blockaden, die aus Gelübden hervorgegangen sind, aufzulösen und die Aura zu reinigen.
3. Lege die Karte für etwa 20 Minuten auf deine Stirn und entspanne dich.
4. Bedanke dich bei Erzengel Gabriel und der Engelwelt.

Unterstützende Engelessenzen:
Engel-Aura-Essenz „Erzengel Zadkiel" und / oder zum Einnehmen Engelessenz No. 48 | Erzengel Zadkiel.

Mit Testen

1. Teste, welche und wie viele Symbolkarten du benötigst.
2. Teste, auf welche Körperstelle und wie lange du die Symbolkarte auflegen sollst.
3. Lege dich entspannt hin und bitte die Engelwelt, alle Gelübde, die dich oder deine Aura belasten, aufzulösen.
4. Bedanke dich bei den Engeln.

Unterstützende Engelessenzen:
Teste, welche Engel-Aura-Essenz und / oder Engelessenz du als Unterstützung verwenden kannst (Anwendungsform, Häufigkeit, Dauer, Menge).

▸ Engelsymbol No. 48

Engelsymbol No. 45

Engel-Aura-Essenz „Erzengel Zadkiel"
Engelessenz No. 48

Für einen Menschen

dem geholfen werden soll.

Ohne Testen

1. Ziehe acht Engelsymbolkarten.
2. Lege sie zu einem Kreis aus.
3. Lege in die Mitte dieses Kreises ein Foto oder den Namenszettel der Person, der geholfen werden soll (die Heilung benötigt).
4. Lasse alles mindestens drei Wochen lang liegen.

Mit Testen

1. Teste, welche und wie viele Symbolkarten du für den Heilkreis benötigst.
2. Lege die Karten zu einem Kreis.
3. Lege in die Mitte dieses Kreises ein Foto oder den Namenszettel der Person, der geholfen werden soll (die Heilung benötigt).
4. Teste, wie lange der Heilkreis liegen bleiben soll.

Für eine Situation

Manchmal sind mehrere Menschen an einer schwierigen Situation beteiligt.

Ohne Testen

1. Ziehe acht Engelsymbolkarten.
2. Lege sie zu einem Kreis.
3. Lege in die Mitte dieses Kreises einen Zettel, auf dem du aufschreibst, welche Situation Unterstützung und Hilfe durch die Engel benötigt.
4. Lasse alles mindestens drei Wochen lang liegen.

Mit Testen

1. Teste, welche und wie viele Symbolkarten du für den Heilkreis benötigst.
2. Lege die Karten zu einem Kreis.
3. Lege in die Mitte dieses Kreises einen Zettel, auf dem du aufschreibst, welche Situation Unterstützung und Hilfe durch die Engel benötigt.
4. Teste, wie lange der Heilkreis liegen bleiben soll.

Für eine Menschengruppe

Beispielsweise für Menschen, die unter Umweltkatastrophen, Krieg etc. leiden.

Ohne Testen

1. Ziehe acht Engelsymbolkarten.
2. Lege sie zu einem Kreis.
3. Lege in die Mitte dieses Kreises einen Zettel, auf dem du aufschreibst, welche Menschengruppe Unterstützung und Hilfe durch die Engel benötigt.
4. Lasse alles mindestens drei Wochen lang liegen.

Mit Testen

1. Teste, welche und wie viele Symbolkarten du für den Heilkreis benötigst.
2. Lege die Karten zu einem Kreis.
3. Lege in die Mitte dieses Kreises einen Zettel, auf dem du aufschreibst, welche Menschengruppe Unterstützung und Hilfe durch die Engel benötigt.
4. Teste, wie lange der Heilkreis liegen bleiben soll.

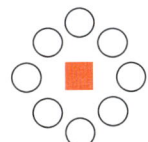 Schutzkreis legen

Impfungen

▸ Impfstoff "entstören"

Ohne Testen

1. Suche die Engelsymbolkarte No. 04 | Reinheit und Klarheit heraus und lege den Impfstoff für einige Minuten darauf.
2. Erst dann zur Impfung mitnehmen.

Unterstützende Engelessenzen:
Verwende einige Tage vor und nach der Impfung die Engelessenz No. 04 | Reinheit und Klarheit oder die Engel-Kombi-Essenz No. 04 | Aniel.
Sprühe dich mit der Engel-Aura-Essenz „Erzengel Gabriel" ein.

Mit Testen

1. Teste, auf welche Karte du den Impfstoff legen sollst.
2. Teste, wie lange er auf der Karte liegen bleiben soll.
3. Teste weiter, wie groß der Zeitabstand zwischen Neutralisierung und Impfung sein sollte.

Unterstützende Engelessenzen:
Teste, welche Engelessenz oder welche Engel-Aura-Essenz dir hilft, die belastenden Anteile des Impfstoffs aus deinem feinstofflichen Körper auszuscheiden. Teste Menge, Anwendung, Häufigkeit und Anwendungszeitraum.

▸ Belastende Inhaltsstoffe energetisch ausscheiden

Nach einer Impfung gibt es eine Möglichkeit, die Aura von Belastungen zu reinigen.

Ohne Testen

1. Suche die Engelsymbolkarte No. 04 | Reinheit und Klarheit heraus und lege ein Foto oder einen Namenszettel darauf.
2. Lasse ihn mindestens vier Tage darauf liegen.

Unterstützende Engelessenzen:
Verwende einige Tage vor und nach der Impfung die Engelessenz No. 04 | Reinheit und Klarheit oder die Engel-Kombi-Essenz No. 04 | Aniel.
Sprühe dich mit der Engel-Aura-Essenz „Erzengel Gabriel" ein.

Mit Testen

1. Teste, auf welche Karte du ein Foto / einen Namenszettel legen sollst.
2. Teste, wie lange es / er auf der Karte liegen bleiben soll.

Unterstützende Engelessenzen:
Teste, welche Engelessenz oder welche Engel-Aura-Essenz dir hilft, die belastenden Anteile des Impfstoffs aus deinem feinstofflichen Körper auszuscheiden.
Teste Menge, Anwendung, Häufigkeit und Anwendungszeitraum.

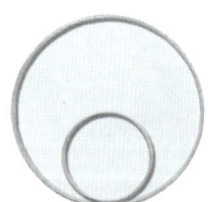

▸ Engelsymbol No. 04

Engelessenz No. 04
Engel-Kombi-Essenz No. 04
Engel-Aura-Essenz „Erzengel Gabriel"

Arbeitsklima – Mobbing – Kollegialität

Zur Verbesserung des Arbeitsklimas nutze die Energie von Erzengel Chamuel, dem Engel für zwischenmenschliche Beziehungen.

Ohne Testen

1. Zeichne den Grundriss deines Arbeitsplatzes (Büro oder ganzes Haus) oder mache ein Foto von deinem Arbeitsplatz.
2. Lege das Symbol No. 44 | Erzengel Chamuel darauf und lass es ein paar Wochen liegen.

Unterstützende Engelessenzen:
Engel-Essenz No. 44 | Erzengel Chamuel
Engel-Aura-Essenz „Erzengel Chamuel"

Mit Testen

1. Zeichne den Grundriss deines Arbeitsplatzes (Büro oder ganzes Haus) oder mache ein Foto von deinem Arbeitsplatz.
2. Teste, welche und wie viele Symbolkarten oder Engel-Therapie-Symbole du auf die Zeichnung / Grundriss / Foto legst.
3. Teste, wie lange die Symbole liegen bleiben.

Unterstützende Engelessenz / Öl / Aura-Essenz:
Teste, welche(s) Essenz / Öl / Aura-Essenz dich am besten unterstützt. Tropfenzahl, Häufigkeit und Dauer der Anwendung austesten.

Hektik

begleitet uns oft durch das Arbeitsleben. Dabei wären Ruhe und Leichtigkeit gefragt ...

Ohne Testen

1. Zeichne den Grundriss deines Arbeitsplatzes (Büro oder ganzes Haus) oder mache ein Foto von deinem Arbeitsplatz.
2. Lege das Symbol No. 3 | Ruhe und Leichtigkeit darauf und lasse es tagsüber liegen.

Unterstützende Engelessenzen:
Engel-Aura-Essenz „Erzengel Michael"
Engel-Kombi-Essenz No. 39 | Raniel

Mit Testen
wie oben

Engelsymbol No. 44

Engelsymbol No. 03

Engel-Essenz No. 44
Engel-Aura-Essenz „Erzengel Chamuel"
Engel-Aura-Essenz „Erzengel Michael"
Engel-Kombi-Essenz No. 39

Job

Schwierige Projekte

erfordern Mut, Beharrlichkeit, Geduld und Klarheit. Die Engel helfen dir dabei!

Ohne Testen

1. Schreibe den Namen des Projektes sowie die Namen aller Beteiligten auf ein Blatt Papier.
2. Lege das Symbol No. 45 | Erzengel Gabriel, No. 28 | Geduld und Zeitlosigkeit, No. 30 | Mut und Beharrlichkeit darauf und lasse es bis zum positiven Abschluss liegen.

Unterstützende Engelessenzen:
Engel-Essenz No. 3 | Ruhe und Leichtigkeit, Engel-Aura-Essenz „Korathel".

Mit Testen

1. Zeichne den Grundriss deines Arbeitsplatzes (Büro oder ganzes Haus) oder mache ein Foto von deinem Arbeitsplatz.
2. Teste, welche und wie viele Symbolkarten oder Engel-Therapie-Symbole du auf die Zeichnung / Grundriss / Foto legst.
3. Teste, wie lange die Symbole liegen bleiben.

Unterstützende Engelessenz / Öl / Aura-Essenz:
Teste, welche(s) Essenz /Öl /Aura-Essenz dich am besten unterstützt. Tropfenzahl, Häufigkeit und Dauer der Anwendung austesten.

Engelsymbol No. 45

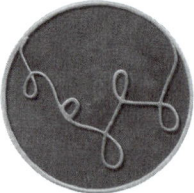

Engelsymbol No. 28

Engelsymbol No. 30

Engel-Essenz No. 3
Engel-Aura-Essenz „Konzentration"

Mitgebrachtes Karma

das dich belastet, darfst du mit Engelunterstützung auflösen. Sobald du mit der Symbol-karte No. 38 | Karmaerlösung arbeitest, sind Karmaengel im Raum.

Ohne Testen

1. Suche die Engelsymbolkarten No. 38 | Karmaerlösung und No. 48 | Erzengel Zadkiel und lege sie auf ein Foto oder einen Namenszettel.
2. Lasse alles mindestens vier Wochen liegen.
3. Bitte darum, dass Karma abgenommen wird bzw. dass Karma leichter aufgelöst werden darf.
4. Vergiss nicht, dich bei den Karmaengeln und dem Erzengel zu bedanken!

Unterstützende Engelessenzen:
Engel-Aura-Essenz „Erzengel Zadkiel" und / oder Engelessenz No. 38 | Karmaerlösung.

Mit Testen

1. Teste, welche Symbolkarte du in Kombination mit der Symbolkarte No. 38 | Karmaerlösung auf ein Foto oder einen Namenszettel legen sollst.
2. Teste, wie lange die Karten liegen bleiben müssen.
3. Bitte darum, dass Karma abgenommen wird bzw. dass Karma leichter aufgelöst werden darf.
4. Vergiss nicht, dich bei den Karmaengeln und den Engeln zu bedanken!

Unterstützende Engelessenzen:
Teste, mit welcher Engel-Aura-Essenz du dich ein paar Mal vor der Familienaufstellung ein-sprühen sollst (Häufigkeit).

Karma zwischen zwei oder mehreren Menschen

ist meist die tiefgründige Ursache von Partnerschafts-problemen, zwischen-menschlichen Problemen und Dreiecksbeziehungen.

Ohne Testen

1. Suche die Engelsymbolkarten No. 38 | Karmaerlösung und No. 44 | Erzengel Chamuel und lege sie auf ein Foto oder einen Namenszettel.
2. Lasse alles mindestens vier Wochen liegen.
3. Bitte darum, dass Karma abgenommen wird bzw. dass Karma leichter aufgelöst werden darf.
4. Vergiss nicht, dich bei den Karmaengeln und dem Erzengel zu bedanken!

Unterstützende Engelessenzen:
Engel-Aura-Essenz „Erzengel Chamuel" und / oder Engelessenz No. 38 | Karmaerlösung.

Mit Testen
wie oben

Engel-Aura-Essenz „Erzengel Zadkiel"
Engelessenz No. 38
Engel-Aura-Essenz „Erzengel Chamuel"

Engelsymbol No. 38

Engelsymbol No. 48

Engelsymbol No. 44

Karmaerlösung

Karma und Krankheit

In vielen Fällen hat Krankheit karmische Hintergründe. Dann kannst du mit der angegebenen Vorgehensweise Engelhilfe herbeirufen.

Ohne Testen

1. Suche die Engelsymbolkarten No. 38 | Karmaerlösung und No. 46 | Erzengel Raphael und lege sie auf ein Foto oder einen Namenszettel.
2. Lasse alles mindestens vier Wochen liegen.
3. Bitte darum, dass Karma abgenommen wird bzw. dass Karma leichter aufgelöst werden darf.
4. Vergiss nicht, dich bei den Karmaengeln und dem Erzengel zu bedanken.

Unterstützende Engelessenzen:

Engel-Aura-Essenz „Erzengel Raphael" und / oder Engelessenz No. 38 | Karmaerlösung

Mit Testen

1. Teste, welche Symbolkarte du in Kombination mit der Symbolkarte No. 38 | Karmaerlösung auf ein Foto oder einen Namenszettel legen sollst.
2. Teste, wie lange die Karten liegen bleiben müssen.
3. Bitte darum, dass Karma abgenommen wird bzw. dass Karma leichter aufgelöst werden darf.
4. Vergiss nicht, dich bei den Karmaengeln und den Engeln zu bedanken!

Unterstützende Engelessenzen:

Teste, mit welcher Engel-Aura-Essenz du dich ein paar Mal vor der Karmaerlösung einsprühen sollst (Häufigkeit).

Engelsymbol No. 38

Engelsymbol No. 46

Engel-Aura-Essenz „Erzengel Raphael"
Engelessenz No. 38

Schutz für Kinesiologen

und andere Energetiker ist sehr wichtig, da man ständig mit emotionalen und energetischen Belastungen seiner Klienten konfrontiert wird.

Ohne Testen

1. Suche die Symbolkarte No. 42 | Erzengel Michael heraus und lege für einige Minuten beide Hände darauf.
2. Bitte Erzengel Michael um Schutz für deine Klienten und dich selbst.

Unterstützende Engelessenz:
Engel-Aura-Essenz „Erzengel Michael"

Mit Testen

1. Teste, welche und wie viele Symbolkarten du für deinen jeweiligen Arbeitstag benötigst.
2. Teste weiter, wie du sie anwenden sollst.
3. Lies im Buch nach, was die Symbolkarten aussagen. Sie geben sehr wahrscheinlich einen deutlichen Hinweis auf die Probleme deiner Klienten.

Unterstützende Engelessenz:
Teste, welche Engel-Aura-Essenz dich besonders gut schützt.

Engelsymbol No. 42

Engel-Aura-Essenz „Erzengel Michael"

Kinesiologie

Engelhilfe

Beziehe während deiner kinesiologischen Behandlung die Symbolkarten und somit automatisch die Engel ein. Du wirst merken, dass du in einer Sitzung mehr auflösen kannst und darfst als bisher.

Das gilt natürlich für alle Arten von energetischen und alternativen Behandlungen.

Ohne Testen

1. Lasse deinen Klienten alle 49 Symbolkarten gut durchmischen.
2. Er soll vier Karten ziehen und dabei an sein Problem denken.
3. Besprich mit ihm diese vier Karten.
4. Wenn du deine Behandlungen auf einer Massageliege durchführst, lege die vier Karten auf die Ecken der Liege.
5. Arbeitest du im Sitzen, breite die vier Karten vor deinem Klienten aus.
6. Bittet gemeinsam um Engelführung und Engelbegleitung. Du wirst sehen, dass sich die Blockaden um ein Vielfaches rascher auflösen als in bisherigen Sitzungen.
7. Dankt gemeinsam den Engeln nach der Sitzung.

Unterstützende Engelessenz:
Wenn eine der vier Karten einen besonders deutlichen Hinweis auf das Problem des Klienten gibt, wäre es für den Klienten ratsam, diese Energie in Form einer Engelessenz 1 – 49 einige Zeit lang einzunehmen.

Mit Testen

1. Teste, welche vier Symbolkarten der Klient benötigt.
2. Teste zu diesen vier Symbolkarten aus dem Buch jene Textpassagen, die für sein Problem wichtige Botschaften enthalten.
3. Besprich mit ihm die Botschaft dieser vier Karten.
4. Teste, ob du die Symbolkarten während deiner Sitzung am Körper des Klienten oder auf die Massageliege / den Stuhl auflegen sollst.
5. Bittet gemeinsam um Engelführung und Engelbegleitung. Du wirst sehen, dass sich die Blockaden um ein Vielfaches rascher auflösen als in bisherigen Sitzungen.
6. Dankt gemeinsam den Engeln nach der Sitzung.

Unterstützende Engelessenzen:
Teste, welche Engel-Aura-Essenz du während der kinesiologischen Behandlung sprühen sollst. Du kannst auch testen, welche Engelessenz er für zu Hause braucht.

Nachbehandlung

Unmittelbar nach der kinesiologischen Sitzung kann man die Aura des Klienten versiegeln.

Ohne Testen

1. Nach der kinesiologischen Behandlung lege deinem Klienten noch die Symbolkarte No. 49 | Erzengel Metatron auf eine beliebige Körperstelle auf.
2. Lass sie ein paar Minuten wirken.

Unterstützende Engelessenz:
Engel-Aura-Essenz „Erzengel Metatron"

Mit Testen

1. Teste, mit welcher Engelsymbolkarte du die Aura des Klienten versiegeln kannst.
2. Teste, wo am Körper und wie lange du sie auflegen sollst.

Unterstützende Engelessenzen:
Teste, welche Engel-Aura-Essenz du nach der kinesiologischen Behandlung zum Versiegeln der Aura sprühen sollst.

Engelsymbol No. 49

Engel-Aura-Essenz „Erzengel Metatron"

Kraftlosigkeit

▸ Erschöpfung

Nach anstrengenden Tätigkeiten, Stress, etc.

Ohne Testen

1. Suche die Symbolkarten No. 47 | Erzengel Uriel und No. 05 | Kraft und Stärke aus dem Set.
2. Lege eine Karte unter das Gesäß, die andere auf das Schambein.
3. Wiederhole das einige Tage lang jeweils für ca. 10 Minuten.
4. Energetisiere dein Trinkwasser eine Zeit lang mit diesen beiden Karten (siehe Pkt. 43 | Wasserbelebung).

Unterstützende Engelessenzen:
Engel-Aura-Essenz „Erzengel Uriel", Engelessenz No. 05 | Kraft und Stärke.

Mit Testen

1. Teste, welche Symbolkarte(n) du benötigst und wo sie aufgelegt wird (werden).
2. Teste, wie oft und wie lange du das wiederholen sollst.
3. Teste, ob du mit dieser/n Karte(n) dein Trinkwasser energetisieren solltest.

Unterstützende Engelessenzen:
Teste, welche Engel-Aura-Essenz oder welche Engelessenz dich in Phasen der Erschöpfung besonders gut stärkt.

▸ Energieräuber

Sind Menschen, die uns – bewusst oder unbewusst – Lebensenergie abziehen. Das kann im Gespräch, während eines Telefonates oder sogar aus der Entfernung durch Gedanken passieren.

Ohne Testen

1. Suche die Symbolkarte No. 40 | Göttliche Kraft aus dem Set.
2. Lege die Karte auf das Schambein.
3. Wiederhole dies einige Tage lang jeweils für ca. 10 Minuten.

Unterstützende Engelessenzen:
Engel-Aura-Essenz „Energetische Abgrenzung", Engelessenz No. 40 | Göttliche Kraft

Mit Testen
wie oben

Engel-Aura-Essenz „Erzengel Uriel"
Engel-Aura-Essenz „Energetische Abgrenzung"
Engelessenz No. 40

Engelsymbol No. 47   Engelsymbol No. 05   Engelsymbol No. 40

Nicht-Geerdet-Sein

Kommt häufig bei Kleinkindern und Kindern vor, aber auch bei Menschen, die sich überwiegend in der Gedankenwelt oder in der spirituellen Welt aufhalten.

Es betrifft auch Menschen, die vor der Realität fliehen, oft ohne es zu wissen. Auch nach Meditationen ist Erden sehr wichtig!

Ohne Testen

1. Suche die Symbolkarte No. 47 | Erzengel Uriel aus dem Set heraus.
2. Lege die Karte auf das Schambein.
3. Wiederhole das einige Tage lang für jeweils ca. 10 Minuten.

Unterstützende Engelessenzen:
Engel-Aura-Essenz „Erzengel Uriel",
Engelessenz No. 47 | Erzengel Uriel

Mit Testen

1. Teste, welche Symbolkarte(n) du benötigst und wo sie aufgelegt wird (werden).
2. Teste, wie oft und wie lange du das wiederholen sollst.
3. Teste, ob du mit dieser/n Karte(n) dein Trinkwasser energetisieren solltest.

Unterstützende Engelessenzen:
Teste, welche Engel-Aura-Essenz oder welche Engelessenz dich in Phasen der Erschöpfung besonders gut stärkt.

 Engelsymbol No. 47

 Engel-Aura-Essenz „Erzengel Uriel"
Engelessenz No. 47

Krankenhaus, Krankenzimmer

Heilungsprozess

Energetische Unterstützung.

Ohne Testen

1. Suche die Engelsymbolkarte No. 46 | Erzengel Raphael heraus und lege sie auf ein Foto oder einen Namenszettel.
2. Lasse sie so lange liegen, bis sich die körperliche Verfassung verbessert hat.

Unterstützende Engelessenzen:
Engel-Aura-Essenz „Erzengel Raphael" und / oder Engelessenz No. 46 | Erzengel Raphael

Mit Testen

1. Teste, welche Engelsymbolkarte(n) der / die Kranke benötigt.
2. Lege sie auf ein Foto oder einen Namenszettel.
3. Teste, wie lange sie dort liegen bleiben soll(en).

Unterstützende Engelessenzen:
Teste, welche Engel-Aura-Essenz bzw. welche Engelessenz benötigt wird. Teste Menge, Anwendung, Häufigkeit und Anwendungszeitraum.

Medikamente „entstören"

Mit Hilfe der Symbolkarten können Medikamente von feinstofflich-energetischen Belastungen gereinigt werden.

Ohne Testen

1. Suche die Engelsymbolkarte No. 04 | Reinheit und Klarheit heraus und lege das Medikament für einige Minuten darauf.
2. Erst dann einnehmen.

Unterstützende Engelessenzen:
Engel-Aura-Essenz „Erzengel Gabriel" und / oder Engelessenz No. 04 | Reinheit und Klarheit

Mit Testen

1. Teste, auf welche Karte du das Medikament legen sollst.
2. Teste, wie lange es auf der Karte liegen bleiben soll.
3. Teste weiter, wie groß der Zeitabstand zwischen „Entstörung" und Einnahme sein sollte.

Unterstützende Engelessenzen:
Teste, welche Engelessenz oder welche Engel-Aura-Essenz dir hilft, die belastenden Anteile des Medikaments aus deinem feinstofflichen Körper auszuscheiden. Teste Menge, Anwendung, Häufigkeit und Anwendungszeitraum.

Engelsymbol No. 46

Engelsymbol No. 04

Engel-Aura-Essenz „Erzengel Raphael"
Engelessenz No. 46
Engel-Aura-Essenz „Erzengel Gabriel"
Engelessenz No. 04

Energetischer Kraftaufbau

Nach Krankheiten, Operationen und Geburten.

Ohne Testen

1. Suche die Symbolkarten No. 47 | Erzengel Uriel und No. 05 | Kraft und Stärke aus dem Set.
2. Lege eine Karte unter das Gesäß, die andere auf das Schambein.
3. Wiederhole das einige Tage jeweils ca. 10 Minuten lang.
4. Energetisiere dein Trinkwasser mit diesen beiden Karten (siehe Pkt. 43 | Wasserbelebung).

Unterstützende Engelessenzen:
Engel-Aura-Essenz „Erzengel Uriel", Engelessenz No. 05 | Kraft und Stärke

Mit Testen

1. Teste, welche Symbolkarte(n) du benötigst und wo sie aufgelegt wird (werden).
2. Teste, wie oft und wie lange du das wiederholen sollst.

Unterstützende Engelessenzen:
Teste, welche Engel-Aura-Essenz oder welche Engelessenz dich in Phasen der Erschöpfung besonders gut stärkt. Teste Menge, Anwendung, Häufigkeit und Anwendungszeitraum.

Karma

In vielen Fällen hat eine Krankheit karmische Ursachen. So kannst du mit der angegebenen Vorgangsweise Engelhilfe herbeirufen.

Ohne Testen

1. Suche die Engelsymbolkarten No. 38 | Karmaerlösung und No. 46 | Erzengel Raphael heraus und lege sie auf ein Foto oder einen Namenszettel.
2. Lasse alles mindestens vier Wochen liegen.
3. Bitte darum, dass Karma abgenommen wird bzw. dass Karma leichter aufgelöst werden darf.
4. Vergiss nicht, dich bei den Karmaengeln und dem Erzengel zu bedanken!

Unterstützende Engelessenzen:
Engel-Aura-Essenz „Erzengel Raphael" und / oder Engelessenz No. 38 | Karmaerlösung.

Mit Testen

1. Teste, welche Symbolkarte du in Kombination mit der Symbolkarte No. 38 | Karmaerlösung auf ein Foto oder einen Namenszettel legen sollst.
2. Teste, wie lange die Karten liegen bleiben müssen.
3. Bitte darum, dass Karma abgenommen wird bzw. dass Karma leichter aufgelöst werden darf.
4. Vergiss nicht, dich bei den Karmaengeln und den Engeln zu bedanken!

Unterstützende Engelessenzen:
Teste, welche Engel-Aura-Essenz bzw. Engelessenz benötigt wird. Teste Menge, Anwendung, Häufigkeit und Anwendungszeitraum.

Engelsymbol No. 47   Engelsymbol No. 05   Engelsymbol No. 38   Engelsymbol No. 46

Krankenhaus, Krankenzimmer

Seelisches Tief bei Krankheiten

Kann den Heilungsprozess verzögern. Deshalb ist es wichtig, die emotionalen Belastungen aus Aura und Chakren mit Hilfe von Engelenergien herauszulösen.

Ohne Testen

1. Suche die Engelsymbolkarte No. 43 | Erzengel Jophiel heraus und lege sie auf ein Foto oder einen Namenszettel.
2. Lasse sie so lange liegen, bis sich die seelische Verfassung verbessert hat.

Unterstützende Engelessenzen:
Engel-Aura-Essenz „Erzengel Jophiel" und / oder Engel-Kombi-Essenz / Öl No. 22 | Doriel.

Mit Testen

1. Teste, welche Engelsymbolkarte(n) der / die Kranke benötigt.
2. Lege sie auf ein Foto oder einen Namenszettel.
3. Teste, wie lange sie dort liegen bleiben soll(en).

Unterstützende Engelessenzen:
Teste, welche Engel-Aura-Essenz bzw. welche Engelessenz benötigt wird.
Teste Menge, Anwendung, Häufigkeit und Anwendungszeitraum.

Engelsymbol No. 43

Engel-Aura-Essenz „Erzengel Jophiel"
Engel-Kombi-Essenz / Öl No. 22

Persönliche Krisen

Ohne Testen

1. Suche die Engelsymbolkarte No. 01 | Glaube und Vertrauen heraus und lege sie auf ein Foto oder einen Namenszettel.
2. Lasse sie so lange liegen, bis sich die Krisensituation verbessert hat.
3. In schwerwiegenden Fällen solltest du einen Schutzkreis (siehe Pkt. 38 | Schutz) legen.

Unterstützende Engelessenzen:

Engel-Aura-Essenz „Erzengel Michael" und / oder Engelessenz No. 01 | Glaube und Vertrauen

Mit Testen

1. Teste, welche Engelsymbolkarte(n) benötigt wird (werden).
2. Lege sie auf ein Foto oder einen Namenszettel.
3. Teste, wie lange sie dort liegen bleiben soll(en).

Unterstützende Engelessenzen:

Teste, welche Engel-Aura-Essenz bzw. welche Engelessenz benötigt wird. Teste Menge, Anwendung, Häufigkeit und Anwendungszeitraum.

Gesundheitliche Krisen

Ohne Testen

1. Suche die Engelsymbolkarte No. 46 | Erzengel Raphael heraus und lege sie auf ein Foto oder einen Namenszettel.
2. Lasse sie so lange liegen, bis sich die körperliche Verfassung gebessert hat.

Unterstützende Engelessenzen:

Engel-Aura-Essenz „Erzengel Raphael" und / oder Engelessenz No. 46 | Erzengel Raphael

Mit Testen

Wie oben –

meist in Kombination mit Engelsymbolkarte No. 46 | Erzengel Raphael.

Engelsymbol No. 01

Engelsymbol No. 46

Engel-Aura-Essenz „Erzengel Michael"
Engelessenz No. 01
Engel-Aura-Essenz „Erzengel Raphael"
Engelessenz No. 46

▸ Karmische Krisen

Ohne Testen

1. Suche die Engelsymbolkarte No. 38 | Karmaerlösung und lege sie auf ein Foto oder einen Namenszettel.
2. Lasse sie mindestens vier Wochen liegen.
3. Bitte darum, dass Karma abgenommen wird bzw. dass Karma leichter aufgelöst werden darf.
4. Vergiss nicht, dich bei den Karmaengeln zu bedanken!

Unterstützende Engelessenzen:
Engel-Aura-Essenz „Erzengel Zadkiel" und / oder Engelessenz No. 38 | Karmaerlösung.

Mit Testen

1. Teste, welche Engelsymbolkarte(n) (meist in Kombination mit Engelsymbolkarte No. 38 | Karmaerlösung) benötigt wird (werden).
2. Lege sie auf ein Foto oder einen Namenszettel.
3. Teste, wie lange sie dort liegen bleiben soll(en).

Unterstützende Engelessenzen:
Teste, welche Engel-Aura-Essenz bzw. welche Engelessenz benötigt wird. Teste Menge, Anwendung, Häufigkeit und Anwendungszeitraum.

▸ Engelsymbol No. 38

Engel-Aura-Essenz „Erzengel Zadkiel"
Engelessenz No. 38

Legesysteme

Ohne Testen
Siehe Buch
„Engelsymbole" Seite 120 ff.

Mit Testen
Die Symbolkarten für die im Buch
beschriebenen Legesysteme kann man
auch mit Pendel, Einhandrute oder
Muskeltest herausfinden. In Anschluss daran
ist es sehr aufschlussreich, die entsprechenden
Textpassagen aus dem Buch auszutesten.

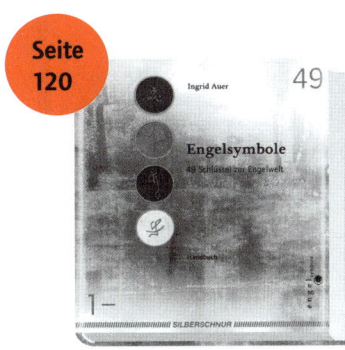

Seite
120

Massagen

▸ Massageliege

In einen Engel-energiekreis stellen; dies erhöht die Wirksamkeit einer herkömmlichen Massage um ein Vielfaches!

Ohne Testen

1. Lasse deinen Klienten/in alle 49 Symbolkarten gut mischen.
2. Danach soll er / sie vier Karten ziehen und dabei an sein Problem denken.
3. Besprich mit ihm / ihr die Botschaft dieser vier Symbolkarten.
4. Lege die vier Karten auf die Ecken der Liege.
5. Bittet gemeinsam um Engelführung und Engelbegleitung. Du wirst sehen, dass sich die Blockaden um ein Vielfaches rascher auflösen als in bisherigen Behandlungen.
6. Dankt gemeinsam den Engeln nach der Behandlung.

Unterstützende Engelessenz:

Wenn eine der vier Karten einen besonders deutlichen Hinweis auf das Problem des Klienten gibt, wäre es für den Klienten ratsam, diese Energie in Form einer Engelessenz 1 – 49 einige Zeit lang einzunehmen.

Mit Testen

1. Teste, welche 4 Symbolkarten dein Klient für die Behandlung benötigt.
2. Teste zu diesen vier Symbolkarten aus dem Buch jene Textpassagen, die für sein Problem wichtige Botschaften enthalten.
3. Besprich mit ihm die Botschaft dieser vier Karten.
4. Lege die vier Karten auf die Ecken der Liege – eventuell austesten, welche Karte auf welche Ecke!
5. Bittet gemeinsam um Engelführung und Engelbegleitung. Du wirst sehen, dass sich die Blockaden um ein Vielfaches rascher auflösen als in bisherigen Behandlungen.
6. Dankt gemeinsam den Engeln nach der Behandlung.

Unterstützende Engelessenzen:

Teste, welche Engel-Aura-Essenz du während der Massage sprühen sollst. Du kannst auch testen, welche Engelessenz der Klient für zu Hause braucht.

Karte unter Massagetisch

Für Menschen, die mit Engeln nichts am Hut haben oder ihnen skeptisch gegenüberstehen, gibt es eine Möglichkeit, dennoch mit intensiven Engelenergien während einer Massagebehandlung zu arbeiten.

Ohne Testen

1. Denke vor einer Massage intensiv an deinen Klienten und ziehe eine Engelsymbolkarte. Falls er / sie das erste Mal zu dir kommt, bitte um Engelführung bei der Auswahl der Engelsymbolkarte.
2. Lies im Buch das entsprechende Kapitel nach. Damit stimmst du dich auf den Klienten und sein Problem ein.
3. Bitte die entsprechenden Engel, dir bei deiner Arbeit zu helfen.
4. Bitte sie, die Engelsymbol-Energien nur wirken zu lassen, wenn es für deinen Klienten auch erlaubt ist.
5. Stecke die Engelsymbolkarte unter das Tuch, auf dem er / sie danach liegen wird. Wenn du die Engelsymbolkarten laminiert hast, kannst du sie auch unter die Massageliege kleben.

Unterstützende Engelessenz:

Wenn eine der vier Karten einen besonders deutlichen Hinweis auf das Problem des Klienten gibt, wäre es für den Klienten ratsam, diese Energie in Form einer Engelessenz 1 – 49 einige Zeit lang einzunehmen.

Mit Testen

1. Denke vor einer Massage intensiv an deinen Klienten und teste eine oder mehrere Engelsymbolkarten für ihn / sie aus. Falls er / sie das erste Mal zu dir kommt, bitte um Engelführung beim Austesten der Engelsymbolkarte.
2. Teste im entsprechenden Kapitel des Buches „Engelsymbole" genau, welche Passage sein Problem aufzeigt. Damit stimmst du dich auf den Klienten und sein Thema ein.
3. Bitte die entsprechenden Engel, dir bei deiner Arbeit zu helfen.
4. Bitte sie, die Engelsymbol-Energien nur wirken zu lassen, wenn es für deinen Klienten auch erlaubt ist.
5. Stecke die Engelsymbolkarte unter das Tuch, auf dem er / sie danach liegen wird. Wenn du die Engelsymbolkarten laminiert hast, kannst du sie auch unter die Massageliege kleben.

Unterstützende Engelessenzen:

Teste, welche Engel-Aura-Essenz du während der Massage sprühen sollst. Du kannst auch testen, welche Engelessenz der Klient für zu Hause braucht.

Massagen

Chakren aufladen

Ist in Kombination mit einer Massage eine feine und sinnvolle Sache. Man fühlt sich danach wie neugeboren.

Ohne Testen

1. Lege die Karten der Reihe nach – von unten beginnend – auf die 7 Hauptchakren und lasse alle gleichzeitig während der Massage liegen.

1. Chakra – No. 47 | Erzengel Uriel
2. Chakra – No. 44 | Erzengel Chamuel
3. Chakra – No. 43 | Erzengel Jophiel
4. Chakra – No. 46 | Erzengel Raphael
5. Chakra – No. 42 | Erzengel Michael
6. Chakra – No. 48 | Erzengel Zadkiel
7. Chakra – No. 45 | Erzengel Gabriel

Unterstützende Engelessenz:

Sprühe die Engel-Aura-Essenz „Erzengel Uriel" auf die Chakren.

Mit Testen

1. Teste, welche und wie viele Symbolkarten dein Klient zum Aufladen seiner Chakren benötigt.
2. Teste, wie lange die Symbolkarten auf den Chakren liegen sollen.
3. Lege die Karten – so wie du es ausgetestet hast – auf die 7 Hauptchakren und lasse sie so lange liegen, wie du getestet hast.

Unterstützende Engelessenzen:

Teste, welche Engel-Aura-Essenz die Chakren am besten auflädt.

Teste, ob auch eine Engelessenz oder ein Engelöl benötigt wird.

Engelsymbol No. 47

Engelsymbol No. 44   Engelsymbol No. 43

Engelsymbol No. 46   Engelsymbol No. 42

Engelsymbol No. 48   Engelsymbol No. 45

Engel-Aura-Essenz „Erzengel Uriel"

Einstimmen

Du kannst deinen Meditationen ein Thema geben. Die Engel begleiten dich während der Meditation ganz intensiv.

Ohne Testen

1. Mische alle 49 Symbolkarten und lege sie im Halbkreis auf.
2. Bitte deine Engel, dass sie dir die Karte zeigen, die für die Meditation wichtig ist.
3. Ziehe eine Symbolkarte.
4. Schlage im Buch nach und lies, was dir diese Karte zu sagen hat.
5. Falls du die Botschaft nicht verstehst, ziehe eine zweite Karte. Diese erklärt die erste Karte genauer.
6. Lege die Symbolkarte während der Meditation auf eine beliebige Körperstelle.

Unterstützende Engelessenzen:

Sprühe eine Engel-Aura-Essenz deiner Wahl über deinen Kopf in deinen feinstofflichen Körper. Wenn du dich nicht entscheiden kannst, verwende die Aura-Essenz „Engelmeditation".

Wenn du häufig dieselbe Karte ziehst, ist das ein Hinweis darauf, dass es sehr wichtig wäre, diese Energie als Engelessenz einzunehmen.

Mit Testen

1. Teste, welche Symbolkarte dir dein aktuelles Meditationsthema zeigen möchte.
2. Nimm das Buch zur Hand und teste Zeile für Zeile, welche Botschaft darin enthalten ist.
3. Teste, auf welche Körperstelle du die Symbolkarte während der Meditation legen sollst.

Unterstützende Engelessenzen:

Teste, welche Engel-Aura-Essenz dich während der Meditation unterstützt.

 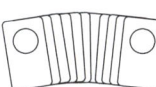

Karten-Halbkreis legen

Engel-Aura-Essenz deiner Wahl
Engel-Aura-Essenz „Engelmeditation"

Meditationen

Chakren aufladen

Nutze die Gelegenheit, um während einer Meditation deine Chakren aufzuladen.

Ohne Testen

1. Lege die Karten der Reihe nach – von unten beginnend – auf die 7 Hauptchakren und lass alle gleichzeitig während der Meditation liegen.

1. Chakra – No. 47 | Erzengel Uriel
2. Chakra – No. 44 | Erzengel Chamuel
3. Chakra – No. 43 | Erzengel Jophiel
4. Chakra – No. 46 | Erzengel Raphael
5. Chakra – No. 42 | Erzengel Michael
6. Chakra – No. 48 | Erzengel Zadkiel
7. Chakra – No. 45 | Erzengel Gabriel

Unterstützende Engelessenz:
Sprühe die Engel-Aura-Essenz „Engelmeditation" auf die Chakren.

Mit Testen

1. Teste, welche und wie viele Symbolkarten du zum Aufladen deiner Chakren benötigst.
2. Lege die Karten – so wie du es ausgetestet hast – auf die 7 Hauptchakren und lass sie während der Meditation am Körper liegen.

Unterstützende Engelessenzen:
Teste, welche Engel-Aura-Essenz die Chakren am besten auflädt.

Teste, ob auch eine Engelessenz oder ein Engelöl benötigt wird.

 Engelsymbol No. 47

 Engelsymbol No. 44
 Engelsymbol No. 43

 Engelsymbol No. 46
 Engelsymbol No. 42

 Engelsymbol No. 48
 Engelsymbol No. 45

 Engel-Aura-Essenz „Engelmeditation"

Schutzengel

So nimmst du ganz einfach Kontakt zu deinem Schutzengel während einer Meditation auf.

Ohne Testen

1. Ziehe 18 Symbolkarten und lege sie in einen Kreis am Boden, in den du dich während der Meditation setzt.
   Oder: Lege mit den 18 Symbolkarten einen Kreis, in den du ein Foto von dir (von anderen) legst.
2. Lies die Affirmationen auf den Karten. Somit weißt du, was deine nächsten Lernschritte sind.
3. Begib dich nun in die Meditation und nimm Kontakt mit deinem Schutzengel auf.

Unterstützende Engelessenz:

Engel-Aura-Essenz „Engelmeditation".

Mit Testen

1. Teste, wie viele Symbolkarten du benötigst.
2. Gehe weiter vor wie links beschrieben.
3. Schlage den Text zu den einzelnen Karten auf.
4. Teste, welche Textpassagen für dich genau zutreffen.
5. Fahre fort wie links beschrieben.

Unterstützende Engelessenz:

Teste, welche Engel-Aura-Essenz dich am besten unterstützt.

Erdung

Nach einer Meditation fällt es manchmal schwer, wieder „Boden-haftung" zu bekommen. Dabei ist es sehr wichtig, wieder im Irdischen und der Realität zu landen!

Ohne Testen

1. Lege nach deiner Meditation die Symbolkarte No. 47 | Erzengel Uriel unter deine Fußsohlen.
2. Bleibe noch 5 bis 10 Minuten so liegen und komme bewusst in die Gegenwart zurück.

Unterstützende Engelessenz:

Sprühe dich nach der Meditation mit der Engel-Aura-Essenz „Erzengel Uriel" ein.

Mit Testen

1. Teste, welche Symbolkarte(n) du zum Erden benötigst.
2. Teste weiter, auf welche Körperstelle und wie lange du sie auflegen sollst.

Unterstützende Engelessenz:

Teste, welche Engel-Aura-Essenz dich am besten erdet. In den meisten Fällen wird es die Engel-Aura-Essenz „Erzengel Uriel" sein.

Kreis mit 18 Symolen legen

Engelsymbol No. 47

Engel-Aura-Essenz „Engelmeditation"
Engel-Aura-Essenz „Erzengel Uriel"

Medikamente

"Entstören"

Medikamente wirken sich in vielen Fällen belastend auf unsere feinstofflichen Körper aus.

Ohne Testen

1. Lege das Medikament auf die Karte No. 04 | Reinheit und Klarheit.
2. Lasse es eine halbe Minute darauf liegen.
3. Danach kannst du es einnehmen.

Unterstützende Engelessenzen:

Wenn du regelmäßig Medikamente einnimmst, solltest du deine feinstofflichen Körper von Zeit zu Zeit mit der Engel-Aura-Essenz „Energetische Reinigung" und / oder „Erzengel Gabriel" reinigen.

Mit Testen

1. Teste, auf welche Karte(n) das Medikament gelegt wird, bevor du es einnimmst, und wie lange es darauf liegen soll.

Unterstützende Engelessenz:

Teste, welche Engel-Aura-Essenz bei regelmäßiger Medikamenteneinnahme deine Aura am besten reinigt.

Belastende Inhaltsstoffe energetisch neutralisieren

Ist nach einer regelmäßigen Medikamenteneinnahme eine Möglichkeit, die Aura von den Belastungen zu reinigen.

Ohne Testen

1. Suche die Engelsymbolkarte No. 04 | Reinheit und Klarheit heraus und lege ein Foto oder einen Namenszettel darauf.
2. Lasse es mindestens vier Tage darauf liegen.

Unterstützende Engelessenzen:

Verwende von Zeit zu Zeit die Engelessenz No. 04 | Reinheit und Klarheit oder die Engel-Kombi-Essenz No. 04 | Aniel. Sprühe dich mit der Engel-Aura-Essenz „Erzengel Gabriel" und / oder „Energetische Reinigung" ein.

Mit Testen

1. Teste, welche Engelsymbolkarte du auf ein Foto / einen Namenszettel legen sollst.
2. Teste, wie lange sie liegen bleiben soll.

Unterstützende Engelessenzen:

Teste, welche Engelessenz oder welche Engel-Aura-Essenz dir hilft, die belastenden Anteile des Medikaments aus deinem feinstofflichen Körper auszuscheiden.

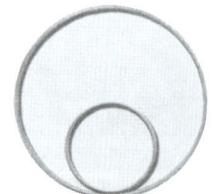

Engelsymbol No. 04

Engel-Aura-Essenz „Energetische Reinigung"
Engel-Aura-Essenz „Erzengel Gabriel"
Engelessenz / Engel-Kombi-Essenz No. 04

Wirksamkeit erhöhen

und zwar auf der feinstofflichen Ebene – ist einfach möglich mit Hilfe von Erzengel Raphael.

Ohne Testen

1. Lege das Medikament auf die Karte No. 46 | Erzengel Raphael.
2. Lasse es mindestens eine halbe Minute darauf liegen.
3. Danach kannst du es einnehmen.

Unterstützende Engelessenzen:
Jeden Heilungsprozess kannst du durch die Engel-Aura-Essenz „Erzengel Raphael" und / oder die Engelessenz No. 46 | „Erzengel Raphael" unterstützen.

Mit Testen

1. Teste, auf welche Engelsymbolkarte du ein Foto / einen Namenszettel legen sollst.
2. Teste, wie lange es / er auf der Karte liegen bleiben soll.

Unterstützende Engelessenzen:
Teste, welche Engelessenz oder welche Engel-Aura-Essenz dir hilft, den Heilungsprozess zu unterstützen.

Engelsymbol No. 46

Engel-Aura-Essenz „Erzengel Raphael"
Engelessenz No. 46

Nahrung beleben

Energiebelebung

Mikrowelle, Dosenkonserven, lange gelagertes Obst und Gemüse enthalten so gut wie keine Lebensenergie mehr. Mache aus Nahrungsmittel mit Hilfe der Engelsymbole Lebensmittel!

Ohne Testen

1. Lege eine beliebige Engelsymbolkarte, beispielsweise die Karte No. 06 | Veränderung und Verwandlung, unter eine fertig gekochte Speise und lasse sie ein wenig darauf stehen.
2. Die Nahrung nimmt innerhalb weniger Sekunden die Engelenergien auf und behält sie. Du erhältst dadurch hochenergetische, hochwertige Nahrung.

Mit Testen

1. Teste, welche Engelsymbolkarte du für deine Speisen | Nahrungsmittel benötigst, um sie am optimalsten zu energetisieren.
2. Teste, wie lange diese auf der Symbolkarte stehen sollen.

Engelsymbol No. 06

Vor und während einer Operation – ist Schutz angesagt.

Ohne Testen

1. Einige Tage vor der Operation kannst du bereits einen Schutzkreis mit allen 8 Erzengeln legen.
2. In die Mitte Foto oder Namenszettel legen.
3. Liegen lassen, bis die Operation vorüber ist.

Unterstützende Engelessenzen:

Einige Tage vor der Operation und einige Zeit danach die Engel-Kombi-Essenz No. 32 | Sorihael einnehmen und die Fußsohlen mit dem Engel-Kombi-Öl No. 33 | Curiel einmassieren. Vor der Operation die Engel-Aura-Essenz „Erzengel Michael", danach eine Zeit lang „Erzengel Uriel" verwenden.

Mit Testen

1. Teste, welche und wie viele Symbolkarten du als Schutzkreis für die Operation legen sollst.
2. Teste, wie viele Tage vor der Operation du damit beginnen sollst.
3. Fahre fort wie links beschrieben.

Unterstützende Engelessenzen:

Teste, welche Engel-Aura-Essenz, welches Engel-Kombi-Öl oder welche Engelessenz als Vorbereitung und als Begleitung während der Operation am idealsten ist.

Belastende Inhaltsstoffe ausscheiden

Nach einer Narkose gibt es eine Möglichkeit, die Aura von energetischen Belastungen zu reinigen.

Ohne Testen

1. Suche die Engelsymbolkarte No. 04 | Reinheit und Klarheit heraus und lege ein Foto oder einen Namenszettel darauf.
2. Lasse ihn mindestens drei Wochen darauf liegen.

Unterstützende Engelessenzen:

Verwende einige Zeit nach der Narkose die Engelessenz No. 04 | Reinheit und Klarheit oder die Engel-Kombi-Essenz No. 32 | Sorihael. Sprühe dich mit der Engel-Aura-Essenz „Erzengel Gabriel" ein.

Mit Testen

1. Teste, auf welche Symbolkarte du ein Foto / einen Namenszettel legen sollst.
2. Teste, wie lange es / er auf der Karte liegen bleiben soll.

Unterstützende Engelessenzen:

Teste, welche Engelessenz oder welche Engel-Aura-Essenz dir hilft, die belastenden Anteile der Narkose aus deinem feinstofflichen Körper auszuscheiden. Teste Menge, Anwendung, Häufigkeit und Anwendungszeitraum.

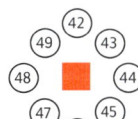

Schutzkreis

Engelsymbol No. 04

Engel-Kombi-Essenz No. 32
Engel-Kombi-Öl No. 33
Engel-Aura-Essenz „Erzengel Michael"
Engel-Aura-Essenz „Erzengel Uriel"
Engelessenz No. 04
Engel-Aura-Essenz „Erzengel Gabriel"

Pendeln

▸ Reinigen

Alle Hilfsmittel wie Pendel oder Einhandrute sollten von Zeit zu Zeit gereinigt werden, da sie energetische Belastungen annehmen können.

Ohne Testen

1. Lege das Pendel auf die Karte No. 04 | Reinheit und Klarheit.
2. Lasse es eine halbe Minute darauf liegen.

Unterstützende Engelessenzen:
Du kannst stattdessen das Pendel mit der Engel-Aura-Essenz „Energetische Reinigung" und / oder „Erzengel Gabriel" besprühen. Das zeigt die gleiche Wirkung.

Mit Testen

1. Teste, auf welche Karte(n) das Pendel gelegt wird und wie lange.

Unterstützende Engelessenzen:
Teste, welche Aura-Essenz das Pendel am besten reinigt. Du kannst im Buch nachlesen, welche Emotionen mit der Aura-Essenz gelöst werden und dadurch Rückschlüsse auf die Art der Verunreinigung ziehen.

▸ Schützen

Damit du und dein Pendel beim Arbeiten nur mit positiven Energien in Verbindung steht, ist Schutz angesagt.

Ohne Testen

1. Lege das Pendel auf die Karte No. 42 | Erzengel Michael.
2. Lasse es eine halbe Minute darauf liegen.

Unterstützende Engelessenzen:
Du kannst stattdessen das Pendel mit der Engel-Aura-Essenz „Erzengel Michael" besprühen – und am besten dich auch!

Mit Testen
wie oben

Unterstützende Engelessenzen:
wie links beschrieben

▸ Engelsymbol No. 04

Engelsymbol No. 42

Engel-Aura-Essenz „Energetische Reinigung"
Engel-Aura-Essenz „Erzengel Gabriel"
Engel-Aura-Essenz „Erzengel Michael"

Vorbereitung und Begleitung

Eine Rebirthing-Sitzung kann mit Hilfe von Engelenergien unterstützt werden.

Ohne Testen

1. Suche die Symbolkarte No. 44 | Erzengel Chamuel für deinen Klienten heraus.
2. Er soll entscheiden, auf welche Körperstelle er die Symbolkarte legen möchte.
3. Bittet Erzengel Chamuel um eine sanfte Öffnung und Heilung des Herzchakras und um die Lösung aller Blockaden, die vor und während der Geburt entstanden sind.

Unterstützende Engelessenzen:
Engel-Aura-Essenz „Baby & Kleinkind Beruhigung" und / oder Engel-Kombi-Essenz No. 18 | Vaniel. Diese Essenzen lösen Blockaden aus Schwangerschaft und Geburt!

Mit Testen

1. Teste, welche Symbolkarte dein Klient benötigt.
2. Schlage im Buch beim entsprechenden Symbol nach und teste exakt die Stelle aus, die Aufschluss über Blockaden aus der Zeit der Schwangerschaft und der Geburt gibt.
3. Teste, auf welche Körperstelle die Symbolkarte aufzulegen ist.
4. Bitte die Engel um eine Öffnung und Heilung des Herzchakras und um die Lösung aller Blockaden, die vor und während der Geburt entstanden sind.

Unterstützende Engelessenzen:
Teste, welche Engelessenz bzw. Engel-Aura-Essenz für die Vorbereitung und Begleitung der Rebirthing-Sitzung am wichtigsten ist.

Nach einer Rebirthing-Sitzung

ist gute Erdung sehr wichtig!

Ohne Testen

1. Suche die Symbolkarte No. 47 | Erzengel Uriel aus dem Set.
2. Lege dem Klienten die Karte auf das Schambein und lasse sie mindestens 10 Minuten lang darauf liegen.

Unterstützende Engelessenzen:
Engel-Aura-Essenz „Erzengel Uriel", Engelessenz No. 47 | Erzengel Uriel

Mit Testen

1. Teste, welche Engelsymbolkarte(n) dein Klient nach der Behandlung benötigt.
2. Teste weiter, ob du sie in Kombination mit der Symbolkarte No. 47 | Erzengel Uriel auf den Körper auflegen sollst und auf welche Stelle.
3. Teste, wie lange die Karte(n) benötigt wird / werden.

Unterstützende Engelessenzen:
Teste, welche Engelessenz bzw. Engel-Aura-Essenz für die Zeit nach der Rebirthing-Sitzung benötigt wird.

Engelsymbol No. 44   Engelsymbol No. 47

Engel-Aura-Essenz „Baby & Kleinkind Beruhigung"
Engel-Kombi-Essenz No. 18
Engel-Aura-Essenz „Erzengel Uriel"
Engelessenz No. 47

Reinkarnation

Vorbereitung und Begleitung

Eine Rückführung in ein früheres Leben, egal ob nach der klassischen Reinkarnationstherapie, mit Kinesiologie oder anderen Methoden, kann mit Hilfe von Engelenergien unterstützt werden. Dabei werden alte Verhaltensmuster, Blockaden, Ängste oder Abhängigkeiten leichter erkannt und aufgelöst. Sobald mit der Engelsymbolkarte No. 38 | Karmaerlösung gearbeitet wird, sind Karmaengel im Raum!

Danach – ist eine gute Erdung sehr wichtig!

Engelsymbol No. 38

Engelsymbol No. 48

Ohne Testen

1. Suche die Symbolkarten No. 38 | Karmaerlösung und No. 48 | Erzengel Zadkiel für deinen Klienten heraus.
2. Er soll entscheiden, auf welche Körperstelle(n) er die Symbolkarten legen möchte.
3. Bittet die Engel um die Lösung aller Blockaden, die vor und während der Geburt bzw. in früheren Leben entstanden sind.

Unterstützende Engelessenzen:
Engel-Aura-Essenz „Erzengel Zadkiel" und / oder die Engelessenz No. 38 „Karmaerlösung".

Ohne Testen

1. Suche die Symbolkarte No. 47 | Erzengel Uriel aus dem Set heraus.
2. Lege dem Klienten die Karte auf das Schambein und lasse sie mindestens 10 Minuten lang darauf liegen.

Unterstützende Engelessenzen:
Engel-Aura-Essenz „Erzengel Uriel", Engelessenz No. 47 | Erzengel Uriel

Engelsymbol No. 47

Mit Testen

1. Teste, welche Symbolkarte dein Klient benötigt.
2. Schlage im Buch beim entsprechenden Symbol nach und teste exakt die Stelle aus, die Aufschluss über Blockaden aus seinen früheren Leben gibt.
3. Teste, auf welche Körperstelle die Symbolkarte aufzulegen ist.
4. Bitte die Engel um sanfte Lösung und Heilung aller Blockaden, die er aus früheren Leben mitgebracht hat.

Unterstützende Engelessenzen:
Teste, welche Engelessenz bzw. Engel-Aura-Essenz für die Vorbereitung und Begleitung der Reinkarnationstherapie-Sitzung am wichtigsten ist.

Mit Testen

1. Teste, welche Engelsymbolkarte(n) dein Klient nach der Behandlung benötigt.
2. Teste weiter, ob du sie in Kombination mit der Symbolkarte No. 47 | Erzengel Uriel auf den Körper auflegen sollst und auf welche Stelle.
3. Teste, wie lange die Karte(n) benötigt wird/werden.

Unterstützende Engelessenzen:
Teste, welche Engelessenz bzw. Engel-Aura-Essenz für die Zeit nach der Reinkarnationstherapie-Sitzung benötigt wird.

 Engel-Aura-Essenz „Erzengel Zadkiel"
Engelessenz No. 38
Engel-Aura-Essenz „Erzengel Uriel"
Engelessenz No. 47

Vorbereiten

Einige Tage vor einer Reise kannst du bereits mit Engelenergien die Reise vorbereiten.

Ohne Testen

1. Suche – wenn möglich bereits 5 Tage vor der Abreise – die Engelsymbolkarte No. 42 | Erzengel Michael aus dem Kartenset heraus.
2. Schreibe auf einen Zettel Reiseziel und Reisezeit.
3. Lege ein Foto von dir / dem Reisenden dazu oder füge Namen und Geburtsdatum zu Reiseziel und Reisezeit hinzu.
4. Lasse die Symbolkarte bis zur Abreise auf dem Foto / Namenszettel liegen.
5. Fahre fort wie im nächsten Punkt beschrieben.

Unterstützende Engelessenzen:

Sprühe mehrmals täglich die Engel-Aura-Essenz „Erzengel Michael" in die Aura. Bei Ängsten „Erzengel Jophiel".

Mit Testen

1. Teste, wie viele Tage vor einer Reise du mit der Engel-Reiseunterstützung beginnen solltest.
2. Teste, welche und wie viele Engelsymbolkarten du für die Reisevorbereitung benötigst.
3. Fahre fort wie links beschrieben.

Unterstützende Engelessenzen:

Teste, welche Engelessenz bzw. Engel-Aura-Essenz du als Reisevorbereitung verwenden solltest.

Engelsymbol No. 42

Engel-Aura-Essenz „Erzengel Michael"
Engel-Aura-Essenz „Erzengel Jophiel"

Reisen

Während der Reise

Stelle dich unter den Schutz der Engel. Das kannst du natürlich auch für Angehörige machen, egal, ob sie daran glauben oder nicht.

Vielleicht führst du auch eine "Engel-Reise-Apotheke" auf all deinen Reisen mit. Siehe hierzu auch das Buch „Engelessenzen und Engelöle".

Ohne Testen

1. Mische alle 49 Engelsymbolkarten und ziehe 8 Karten aus dem Set.
2. Lege damit einen Schutzkreis, in den du ein Foto oder einen Namenszettel mit Reiseziel und Reisedauer legst.
3. Lasse diesen Schutzkreis bis zur Heimkehr liegen.
4. Nimm die Symbolkarte No. 42 | Erzengel Michael mit auf die Reise. Lege sie nachts in die Nähe deines Schlafplatzes, tagsüber kannst du sie am Körper tragen oder auf einen Namenszettel von dir legen – besonders bei Reisen in ferne Länder, Geschäftsreisen etc.

Unterstützende Engelessenzen:

Sprühe das Hotelzimmer mit der Engel-Aura-Essenz „Energetische Reinigung" und / oder „Erzengel Gabriel" kräftig aus.

Hülle dich selbst mit der Engel-Aura-Essenz „Erzengel Michael" ein.

Solltest du Reiseangst haben, verwende die Engel-Kombi-Essenz oder das Engel-Kombi-Öl No. 22 | Doriel.

Mit Testen

1. Teste, welche und wie viele Engelsymbolkarten du für einen Reise-Schutzkreis benötigst.
2. Fahre fort wie links beschrieben.

Unterstützende Engelessenzen:

Teste, welche Engel-Aura-Essenz und / oder Engelessenz du auf deine Reise mitnehmen solltest.

Schutzkreis legen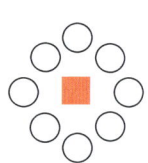

 Engelsymbol No. 42

 Engel-Aura-Essenz „Energetische Reinigung"
Engel-Aura-Essenz „Erzengel Gabriel"
Engel-Aura-Essenz „Erzengel Michael"
Engel-Kombi-Essenz oder
Engel-Kombi-Öl No. 22

Nach der Reise

solltest du den Engeln für ihre Begleitung und ihren Schutz danken. Darüber hinaus ist Erdung in vielen Fällen sehr sinnvoll – besonders nach Flugreisen zur Vermeidung von Jetlag!

Ohne Testen

1. Suche die Engelsymbolkarte No. 47 | Erzengel Uriel aus dem Set heraus.
2. Lege sie ein paar Tage lang auf ein Foto oder einen Namenszettel.
3. Bedanke dich bei der Engelwelt, dass sie dich auf der Reise begleitet und wieder gut nach Hause geführt hat.

Unterstützende Engelessenzen:

Engel-Aura-Essenz „Erzengel Uriel" zum Erden ein paar Mal täglich einsprühen. Bei großen Jetlag-Problemen zusätzlich die Engelessenz No. 47 | Erzengel Uriel einnehmen.

Mit Testen

1. Teste, welche Engelsymbolkarte du auf ein Foto / einen Namenszettel legen sollst und über welchen Zeitraum.
2. Bedanke dich bei der Engelwelt, dass sie dich auf der Reise begleitet und wieder gut nach Hause geführt hat.

Unterstützende Engelessenzen:

Teste, welche Engel-Aura-Essenz und / oder Engelessenz dich beim Erden bzw. beim Eingewöhnen zu Hause unterstützen wird.

Engelsymbol No. 47

Engel-Aura-Essenz „Erzengel Uriel"
Engelessenz No. 47

Rituale

Vorbereiten

Vor einem Ritual sollst du dich reinigen und entspannen.

Du kannst alle Ritual-Gegenstände wie Kerzen, Blumen, Steine, Räucherwerk etc. vor dem Ritual mit der Engel-Aura-Essenz „Energetische Reinigung" und / oder „Erzengel Gabriel" reinigen!

Ohne Testen

1. Suche die Engelsymbolkarte No. 04 | Reinheit und Klarheit aus dem Kartenset heraus.
2. Schreibe das Thema deines Rituals, deinen Namen und dein Geburtsdatum auf einen Zettel.
3. Lege die Symbolkarte auf diesen Zettel und lasse sie einige Stunden lang liegen.

Unterstützende Engelessenzen:

Reinige deine Aura und den Ort, an dem du das Ritual durchführen wirst, mit der Engel-Aura-Essenz „Energetische Reinigung" und / oder „Erzengel Gabriel".

Mit Testen

1. Teste, welche Engelsymbolkarte(n) du als Vorbereitung für dein Ritual benötigst.
2. Dann fahre fort wie links beschrieben.

Unterstützende Engelessenzen:

Teste, welche Engel-Aura-Essenz oder / und Engelessenz du als Vorbereitung für dein Ritual benötigst.

Engelsymbol No. 04

Engel-Aura-Essenz „Energetische Reinigung"
Engel-Aura-Essenz „Erzengel Gabriel"

Während eines Rituals ist es sehr wichtig, 100%ig geschützt zu sein

Du kannst alle Ritual-Gegenstände wie Kerzen, Blumen, Steine, Räucherwerk etc. vor dem Ritual mit der Engel-Aura-Essenz „Engelmeditation" aufladen! Diese enthält die Energie aller 8 Erzengel.

Ohne Testen

1. Suche alle 8 Erzengel-Symbolkarten aus dem Kartenset heraus.
2. Verwende sie zusätzlich zu deinen Ritual-Gegenständen, wie Kerzen, Steine, Blumen, Kräutern oder Weihrauch.
3. Du kannst auch einen Kreis aus diesen 8 Engelsymbolkarten legen und in seine Mitte einen Zettel mit dem Thema deines Rituals.
4. Lasse alles liegen, bis das Ritual beendet ist.

Unterstützende Engelessenz:
Sprühe dich und den Raum kräftig mit der Engel-Aura-Essenz „Engelmeditation" ein.

Mit Testen

1. Teste, welche Engelsymbolkarte(n) du als Schutz während deines Rituals benötigst.
2. Dann fahre fort wie links beschrieben.

Unterstützende Engelessenzen:
Teste, welche Engel-Aura-Essenz oder / und Engelessenz du als Vorbereitung für dein Ritual benötigst.

Nach einem Ritual ist Erdung absolut wichtig!

Ohne Testen

1. Suche die Engelsymbolkarte No. 47 | Erzengel Uriel aus dem Set heraus.
2. Lege sie ein paar Stunden lang auf dein Foto oder deinen Namenszettel.
3. Bedanke dich bei der Engelwelt, dass sie dich während des Rituals begleitet und beschützt hat.

Unterstützende Engelessenzen:
Engel-Aura-Essenz „Erzengel Uriel" zum Erden ein paar Mal einsprühen.

Mit Testen

1. Teste, welche Engelsymbolkarte du auf dein Foto / deinen Namenszettel legst und über welchen Zeitraum du sie darauf liegen lassen sollst.
2. Bedanke dich bei der Engelwelt, dass sie dich während des Rituals begleitet und beschützt hat.

Unterstützende Engelessenzen:
Teste, welche Engel-Aura-Essenz und / oder Engelessenz dich beim Erden am besten unterstützt.

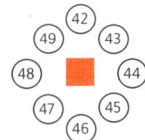

Engelsymbol No. 47

Engel-Aura-Essenz „Engelmeditation"
Engel-Aura-Essenz „Erzengel Uriel"

Schutz

Im Alltag

Sensible, feinfühlige Menschen spüren inmitten von Menschenmengen, in öffentlichen Einrichtungen etc. die belastenden Emotionen oder Probleme anderer Menschen. Davor kann man sich ganz einfach schützen!

Ohne Testen

1. Lege alle 8 Erzengel-Symbole im Kreis

   auf und in die Mitte dieses Kreises ein Foto oder einen Namenszettel.
2. Lass alles mindestens 3 Tage liegen.

Unterstützende Engelessenz:
Engel-Aura-Essenz „Energetische Abgrenzung".

Mit Testen

1. Teste, welche und wie viele Symbolkarte(n) du benötigst.
2. Lege die Symbole um oder auf ein Foto oder einen Namenszettel.
3. Teste, wie lange die Symbole liegen bleiben sollen.

Unterstützende Engelessenz / Öl / Aura-Essenz:
Teste, welche(s) Essenz /Öl /Aura-Essenz dich am besten unterstützt. Tropfenzahl, Häufigkeit und Dauer der Anwendung austesten.

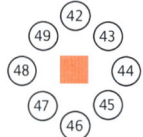

Engel-Aura-Essenz „Energetische Abgrenzung"

In kritischen Lebenssituationen

Ohne Testen

1. Denke an (d)ein Problem.
2. Mische alle 49 Engelsymbolkarten und ziehe 8 Karten aus dem Set.
3. Lege damit einen Schutzkreis, in den du ein Foto oder einen Namenszettel legst.
4. Lasse diesen Schutzkreis bis zur Bewältigung oder Erleichterung (d)eines Problems liegen.
5. Nimm die Symbolkarte No. 42 | Erzengel Michael mit in den Alltag. Lege sie nachts in die Nähe deines Schlafplatzes, tagsüber kannst du sie am Körper tragen oder auf (d)einen Namenszettel legen.

Unterstützende Engelessenzen:

Sprühe dich immer wieder mit der Engel-Aura-Essenz „Erzengel Michael" und / oder „Energetische Abgrenzung" ein.

Solltest du Ängste haben, verwende die Engel-Kombi-Essenz oder das Engel-Kombi-Öl No. 22 | Doriel, bei Panik No. 41 | Somiel.

Mit Testen

1. Teste, welche und wie viele Engelsymbolkarten du benötigst.
2. Fahre fort wie links beschrieben.

Unterstützende Engelessenzen:

Teste, welche Engelessenz bzw. Engel-Aura-Essenz du verwenden solltest.

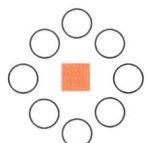

Engelsymbol No. 42

Engel-Aura-Essenz „Erzengel Michael"
Engel-Aura-Essenz „Energetische Abgrenzung"
Engel-Kombi-Essenz oder
Engel-Kombi-Öl No. 22
Engel-Kombi-Öl No. 41

Schutz

Für Energetiker

ist Schutz sehr wichtig, da sie ständig mit den emotionalen und energetischen Belastungen ihrer Klienten konfrontiert werden.

Ohne Testen

1. Suche am Beginn deines Arbeitstages die Symbolkarte No. 42 | Erzengel Michael heraus und lege für einige Minuten beide Hände darauf.
2. Bitte Erzengel Michael um Schutz für deine Klienten und dich selbst.

Unterstützende Engelessenzen:
Engel-Aura-Essenz „Erzengel Michael"

Mit Testen

1. Teste, welche und wie viele Symbolkarten du für deinen jeweiligen Arbeitstag benötigst.
2. Teste weiter, wie du sie anwenden sollst.
3. Lies im Buch nach, was die Symbolkarten aussagen. Sie geben sehr wahrscheinlich einen deutlichen Hinweis auf die Probleme deiner Klienten.

Unterstützende Engelessenz:
Teste, welche Engel-Aura-Essenz dich besonders gut schützt.

Vor energetischen Übergriffen

wie schwarzer Magie, Verwünschungen oder Verfluchungen kann man sich auf ganz einfache Art und Weise schützen!

Ohne Testen

1. Mische alle 49 Engelsymbolkarten und ziehe 8 Karten aus dem Set.
2. Lege damit einen Schutzkreis, in den du ein Foto oder einen Namenszettel legst.
3. Lasse diesen Schutzkreis solange liegen, bis du das Gefühl hast, die Gefahr sei gebannt.
4. Nimm zusätzlich die Symbolkarte No. 42 | Erzengel Michael und lege sie nachts in die Nähe deines Schlafplatzes, tagsüber kannst du sie am Körper tragen oder auf einen Namenszettel von dir legen.

Unterstützende Engelessenzen:
Sprühe mit der Engel-Aura-Essenz „Energetische Abgrenzung" und / oder „Erzengel Uriel". Hülle dich zusätzlich mit der Engel-Aura-Essenz „Erzengel Michael" ein. Solltest du Angst haben, verwende die Engel-Kombi-Essenz oder das Engel-Kombi-Öl No. 22 | Doriel oder No. 41 | Somiel.

Mit Testen

1. Teste, welche und wie viele Engelsymbolkarten du für einen Schutzkreis benötigst.
2. Fahre fort wie links beschrieben.

Unterstützende Engelessenzen:
Teste, welche Engel-Aura-Essenz und / oder Engelessenz du verwenden solltest.

Engelsymbol No. 42

Schutzkreis legen

Engel-Aura-Essenz „Erzengel Michael"
Engel-Aura-Essenz „Energetische Abgrenzung"
Engel-Aura-Essenz „Erzengel Uriel".
Engel-Aura-Essenz „Erzengel Michael"
Engel-Kombi-Essenz oder
Engel-Kombi-Öl No. 22 oder No. 41

Reinigen

Heilsteine sollten von Zeit zu Zeit gereinigt werden, da sie belastende Energien der Menschen aufnehmen.

Ohne Testen

1. Lege die Heilsteine auf die Karte No. 04 | Reinheit und Klarheit.
2. Lasse sie mindestens eine halbe Minute darauf liegen.

Unterstützende Engelessenzen:
Du kannst stattdessen die Steine mit der Engel-Aura-Essenz „Energetische Reinigung" und / oder „Erzengel Gabriel" besprühen. Das zeigt die gleiche Wirkung.

Mit Testen

1. Teste, auf welche Karte(n) die Steine gelegt werden – und wie lange.

Unterstützende Engelessenzen:
Teste, welche Aura-Essenz die Steine am besten reinigt. Du kannst im Buch nachlesen, welche Emotionen mit der Aura-Essenz gelöst werden und dadurch Rückschlüsse auf die Art der Verunreinigung ziehen.

Aufladen

Neben dem Aufladen in Sonnen- oder Mondlicht oder dem Vergraben in der Erde gibt es eine sehr einfache und höchst effiziente Methode, Heilsteine mit Engelenergien aufzuladen.

Ohne Testen

1. Suche die Engelsymbolkarte No. 40 | Göttliche Kraft aus dem Kartenset heraus.
2. Lege sie drei Minuten lang unter den Stein.
3. Danach kannst du ihn verwenden. Wiederhole diesen Vorgang von Zeit zu Zeit, je nachdem, wie viel und wie oft du diesen Stein beanspruchst.

Unterstützende Engelessenz:
Du kannst den Stein auch mit der Engel-Aura-Essenz „Erzengel Uriel" besprühen und dadurch wieder aufladen.

Mit Testen

1. Teste, welche Engelsymbolkarte du zum Aufladen des Steines benötigst.
2. Teste, wie lange der Stein auf der Symbolkarte liegen soll.
3. Fahre fort wie links beschrieben.

Unterstützende Engelessenzen:
Unterstützende Engelessenz(en):
Teste, mit welcher Engel-Aura-Essenz oder Engelessenz du den Stein wieder aktivieren und aufladen kannst.

Engelsymbol No. 04

Engelsymbol No. 40

Engel-Aura-Essenz „Energetische Reinigung"
Engel-Aura-Essenz „Erzengel Gabriel"
Engel-Aura-Essenz „Erzengel Uriel"

Steine reinigen

▸ Programmieren

Steine enthalten unterschiedliche "Heil-Schwingungen". Darüber hinaus kann man sie zusätzlich noch für besondere Verwendungszwecke programmieren.

Ohne Testen

1. Nimm einen energetisch gereinigten Stein (Heilstein, Kiesel etc.) zur Hand.
2. Denke an das Thema, das du mit Hilfe deines Steines bearbeiten möchtest.
3. Mische die 49 Engelsymbolkarten und ziehe eine Karte aus dem Set.
4. Lies den Symboltext im Buch nach und setze dich mit seinem Inhalt auseinander.
5. Dann lege den gereinigten Stein auf die Karte und lasse ihn einige Minuten lang liegen.
6. Danach kannst du ihn für deine Arbeit einsetzen.

Mit Testen

1. Nimm einen energetisch gereinigten Stein zur Hand und teste, mit welcher Engelsymbolkarte du ihn programmieren sollst.
2. Teste im Buch die Textstelle aus, die für dich und die Arbeit mit dem Stein am aussagekräftigsten ist.
3. Teste, wie lange du den Stein zum Programmieren auf die Symbolkarte legen sollst.
4. Dann beginne mit deiner Arbeit.

▸ Programmierung löschen

Wenn du einen Stein neu programmieren möchtest, musst du seine alten Programme vorher löschen.

Ohne Testen

1. Nimm deinen Stein zur Hand und lege ihn für ein paar Minuten auf die Engelsymbolkarte No. 04 | Reinheit und Klarheit.

Unterstützende Engelessenzen:
Du kannst stattdessen die Programmierung des Steines auch mit der Engel-Aura-Essenz „Energetische Reinigung" und / oder „Erzengel Gabriel" löschen

Mit Testen

1. Teste, welche Engelsymbolkarte die Programmierungen des Steines löscht.
2. Teste, wie lange der Stein auf der Karte liegen muss.
3. Danach teste, ob auch wirklich alle Programmierungen gelöscht sind.

Unterstützende Engelessenz:
Teste, mit welcher Engel-Aura-Essenz du den Stein besprühen sollst.

Karte ziehen

Engelsymbol No. 04

Engel-Aura-Essenz „Energetische Reinigung"
Engel-Aura-Essenz „Erzengel Gabriel"

Angst vorm Sterben

Manche Menschen haben keine Angst vorm Tod, sondern Angst vorm Sterben, vor dem Übergang in die andere Ebene.

Gerade beim Sterben sind wir von sehr vielen Engeln umringt und begleitet.

Buchtipp:
Ingrid Auer
"Engel begleiten durch Krankheit, Tod und Trauer"
ISBN 978-3-9502151-3-7

Ohne Testen

1. Mische alle 49 Engelsymbolkarten und ziehe 15 Karten aus dem Set. Denke dabei an den Menschen, dem du helfen möchtest.
2. Lege damit einen Schutzkreis, in den du ein Foto oder einen Namenszettel legst.
3. Lasse diesen Schutzkreis solange liegen, bis du das Gefühl hast, dass Zuversicht und innere Ruhe einkehren.

Unterstützende Engelessenzen:

Engel-Aura-Essenz „Erzengel Michael" einige Male täglich in die Aura des Sterbenden und im Raum sprühen.

Zusätzlich kann die Engel-Kombi-Essenz No. 59 | Ismael eingenommen oder das entsprechende Öl auf Puls oder Fußsohlen aufgetropft werden. Diese Essenz / dieses Öl kann auch von Angehörigen verwendet werden, die Angst vor dem Tod ihres Familienmitgliedes oder Freundes haben.

Mit Testen

1. Teste, welche und wie viele Karten du für einen Schutzkreis benötigst.
2. Fahre fort wie links beschrieben.

Unterstützende Engelessenzen:

Teste, ob eine Engel-Aura-Essenz, die Sterbebegleitungs-Essenz (siehe links) oder eine andere Engelessenz benötigt wird.

15 Karten ziehen Schutzkreis legen

Engel-Aura-Essenz „Erzengel Michael"
Engel-Kombi-Essenz No. 59

Sterbebegleitung

Nicht sterben können oder wollen

Hängt oft damit zusammen, dass Karma noch nicht so weit gelöst ist, dass der Mensch in die andere Dimension hinüberwechseln kann.

Ohne Testen

1. Suche die Engelsymbolkarten No. 38 | Karmaerlösung, No. 42 | Erzengel Michael und No. 49 | Erzengel Metatron aus dem Set heraus.
2. Lege die Karten in einem Dreieck aus und lege in die Mitte ein Foto oder einen Namenszettel.
3. Lasse alles einige Tage oder Wochen lang liegen.

Unterstützende Engelessenzen:

Sprühe so oft wie möglich die Engel-Aura-Essenz „Erzengel Metatron" in die Aura und den Raum, dazu noch die Engelessenz No. 38 | Karmaerlösung und / oder Engel-Kombi-Essenz No. 59 | Ismael geben.

Mit Testen

1. Teste, welche Engelsymbolkarte(n) für die Karmaauflösung benötigt werden.
2. Fahre fort wie links beschrieben.

Unterstützende Engelessenzen:

Teste, welche Engel-Aura-Essenz bzw. Engelessenz für die Karmaauflösung hilfreich sind.

Engel-Aura-Essenz „Erzengel Metatron"
Engelessenz No. 38
Engel-Kombi-Essenz No. 59

Schmerz und Leid sind nie sinnlos.
Sie sind eine der vielen Arten,
Karma aufzulösen!

Engelsymbol No. 38

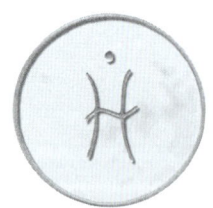

Engelsymbol No. 42

Engelsymbol No. 49

Nicht loslassen

Manche Sterbende können oder wollen das Leben nicht loslassen oder werden von ihren Angehörigen nicht losgelassen. In vielen Fällen ist irgendetwas noch nicht abgeschlossen.

Ohne Testen

1. Suche die Engelsymbolkarte No. 36 | Loslassen aus dem Kartenset heraus.
2. Lege sie auf ein Foto oder einen Namenszettel und lasse sie einige Tage oder Wochen dort liegen.
3. Wenn Angehörige klammern: Lege ein Foto der Angehörigen dazu oder schreibe ihre Namen auf den Namenszettel.

Unterstützende Engelessenzen:
Verwende häufig die Engel-Aura-Essenz „Erzengel Zadkiel" in der Aura und im Raum. Zusätzlich kann noch die Engelessenz No. 36 | Loslassen und / oder Engel-Kombi-Essenz No. 59 | Ismael gegeben werden, sowohl dem Sterbenden als auch den Angehörigen.

Mit Testen

1. Teste, welche Engelsymbolkarte(n) für den Loslöse-Prozess benötigt werden.
2. Fahre fort wie links beschrieben.

Unterstützende Engelessenzen:
Teste, welche Engel-Aura-Essenz bzw. Engelessenz für die Karmaauflösung hilfreich ist.

Sterbevorgang

Wenn du beim Übergang vom Leben zum Tod eines Angehörigen / Bekannten dabei bist, kannst du mit Hilfe der Engel viel bewirken.

Ohne Testen

1. Lege in Körpernähe oder direkt auf den Körper (Fußsohlen, Nacken, Stirn, Solarplexus, Herz oder Scheitel) die Engelsymbolkarte No. 42 | Erzengel Michael und versprühe halbstündlich die Engel-Aura-Essenz „Engelmeditation".

Mit Testen

1. Teste, welche Engelsymbolkarte(n) benötigt wird / werden und fahre fort wie links beschrieben.

Engelsymbol No. 36

Engelsymbol No. 42

 Engel-Aura-Essenz „Erzengel Zadkiel"
Engelessenz No. 36
Engel-Kombi-Essenz No. 59
Engel-Aura-Essenz „Engelmeditation"

Energetiker

Schutz für Energetiker

ist sehr wichtig, da sie ständig mit den emotionalen und energetischen Belastungen der Klienten konfrontiert werden.

Ohne Testen

1. Suche die Symbolkarte No. 42 | Erzengel Michael heraus und lege für einige Minuten beide Hände darauf.
2. Bitte Erzengel Michael um Schutz für deine Klienten und dich selbst.

Unterstützende Engelessenz:
Engel-Aura-Essenz „Erzengel Michael"

Mit Testen

1. Teste, welche und wie viele Symbolkarten du für deinen jeweiligen Arbeitstag benötigst.
2. Teste weiter, wie du sie anwenden sollst.
3. Lies im Buch nach, was die Symbolkarten aussagen. Sie geben sehr wahrscheinlich einen deutlichen Hinweis auf die Probleme deiner Klienten.

Unterstützende Engelessenz:
Teste, welche Engel-Aura-Essenz dich besonders gut schützt.

Engelsymbol No. 42

Aura-Essenz „Erzengel Michael"

Engelhilfe

Beziehe während einer Behandlung die Symbolkarten und (somit automatisch) die Engel mit ein.

Du wirst bemerken, dass du so in einer Energiebehandlung mehr auflösen kannst und darfst als bisher.

Ohne Testen

1. Lasse deinen Klienten alle 49 Symbolkarten gut mischen.
2. Er zieht daraus vier Karten und denkt dabei an sein Problem.
3. Besprich mit ihm diese vier Karten.
4. Wenn du deine Behandlungen auf einer Massageliege durchführst, lege die vier Karten auf die Ecken der Liege. Arbeitest du im Sitzen, breite die vier Karten vor deinem Klienten aus.
5. Bittet gemeinsam um Engelführung und Engelbegleitung. Du wirst sehen, dass sich die Blockaden um ein Vielfaches rascher auflösen als in bisherigen Sitzungen.
6. Dankt nach der Sitzung gemeinsam den Engeln.

Unterstützende Engelessenz:

Wenn eine der vier Karten einen besonders deutlichen Hinweis auf das Problem des Klienten gibt, wäre es für den Klienten ratsam, diese Energie in Form einer Engelessenz 1 – 49 einige Zeit lang einzunehmen.

Mit Testen

1. Teste, welche vier Symbolkarten der Klient benötigt.
2. Prüfe zu diesen vier Symbolkarten aus dem Buch jene Textpassagen, die für sein Problem wichtige Botschaften enthalten.
3. Besprich mit ihm die Botschaft dieser vier Karten.
4. Teste, ob du die Symbolkarten während deiner Sitzung am Körper des Klienten oder auf die Massageliege / den Stuhl auflegen sollst.
5. Bittet gemeinsam um Engelführung und Engelbegleitung. Du wirst sehen, dass sich die Blockaden um ein Vielfaches rascher auflösen als in bisherigen Sitzungen.
6. Dankt nach der Sitzung gemeinsam den Engeln.

Unterstützende Engelessenzen:

Teste, welche Engel-Aura-Essenz du während der kinesiologischen Behandlung sprühen sollst. Du kannst auch testen, welche Engelessenz der Klient für zu Hause braucht.

Nachbehandlung

Unmittelbar nach einer Behandlung kann man die Aura des Klienten versiegeln.

Ohne Testen

1. Nach der Behandlung solltest du deinem Klienten noch für ein paar Minuten die Symbolkarte No. 49 | Erzengel Metatron auf eine beliebige Körperstelle legen.
2. Lasse sie ein paar Minuten wirken.

Unterstützende Engelessenz:

Engel-Aura-Essenz „Erzengel Metatron"

Mit Testen

1. Teste, mit welcher Engelsymbolkarte du die Aura des Klienten versiegeln kannst.
2. Teste, wo am Körper und wie lange du sie auflegen sollst.

Unterstützende Engelessenz:

Teste, welche Engel-Aura-Essenz du nach der kinesiologischen Behandlung zum Versiegeln der Aura sprühen sollst.

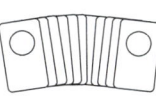

4 Karten ziehen

Engelsymbol No. 49

Engelessenz 1 – 49
Engel-Aura-Essenz „Erzengel Metatron"

Tiere

Futter und Trinkwasser

kannst du energetisieren, und damit die Lebensenergie deines (Haus-)Tieres anheben!

Ohne Testen

1. Lege eine beliebige Engelsymbolkarte, beispielsweise die Karte No. 49 | Erzengel Metatron, unter den Futternapf und lasse ihn ein wenig darauf stehen.
2. Das Futter nimmt innerhalb weniger Sekunden die Engelenergien auf und behält sie auch. Du erhältst dadurch hochenergetisches, hochwertiges Futter!

Mit Testen

1. Teste, welche Engelsymbolkarte du für das Futter benötigst, um es für dein (Haus-)Tier am optimalsten zu energetisieren.
2. Teste, wie lange das Futter auf der Symbolkarte stehen soll.

Schützen

Es gibt Situationen, in denen auch dein (Haus-)Tier Schutz benötigt. Versuche es doch mit den Engelsymbolen!

Ohne Testen

1. Mische alle 49 Engelsymbolkarten und ziehe 8 Karten aus dem Set.
2. Lege damit einen Schutzkreis, in den du ein Foto oder einen Namenszettel deines (Haus-)Tieres legst.
3. Lasse diesen Schutzkreis solange liegen, bis du das Gefühl hast, die Situation habe sich gebessert.

Unterstützende Engelessenz:
Sprühe mit der Engel-Aura-Essenz „Erzengel Michael".

Mit Testen

1. Teste, welche und wie viele Engelsymbolkarten du für einen Schutzkreis benötigst.
2. Fahre fort wie links beschrieben.

Unterstützende Engelessenzen:
Teste, welche Engel-Aura-Essenz und / oder Engelessenz du verwenden solltest.

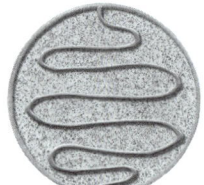

Engelsymbol No. 49

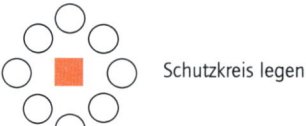

Schutzkreis legen

Engel-Aura-Essenz „Erzengel Michael"

Reinigen von Fremdenergien

Tiere spüren energetische „Verunreinigungen" sehr stark und reagieren unterschiedlich darauf.

Ohne Testen

1. Mische alle 49 Engelsymbolkarten und ziehe 8 Karten aus dem Set.
2. Lege damit einen Schutzkreis, in den du ein Foto oder einen Namenszettel deines (Haus-)Tieres legst.
3. Lasse diesen Schutzkreis solange liegen, bis du das Gefühl hast, die Situation habe sich gebessert.

Unterstützende Engelessenz:
Sprühe mit der Engel-Aura-Essenz „Energetische Reinigung".

Mit Testen

1. Teste, welche Engelsymbolkarte du für dein Tier benötigst, um es am optimalsten zu reinigen.
2. Fahre fort wie links beschrieben.

Unterstützende Engelessenzen:
Teste, welche Engel-Aura-Essenz und / oder Engelessenz du verwenden solltest.

Im Krankheitsfall

kannst du die heilende Energie von Erzengel Raphael erbitten.

Ohne Testen

1. Lege eine beliebige Engelsymbolkarte, beispielsweise die Karte No. 46 | Erzengel Raphael, unter den Futternapf und lasse ihn ein wenig darauf stehen.
2. Das Futter nimmt innerhalb weniger Sekunden die Engelenergien auf und behält sie auch.

Unterstützende Engelessenz:
Sprühe mit der Engel-Aura-Essenz „Erzengel Raphael".

Mit Testen

1. Teste, welche Engelsymbolkarte du für das Futter benötigst, um es für dein (Haus-)Tier am optimalsten zu energetisieren.
2. Teste, wie lange das Futter auf der Symbolkarte stehen soll.

Unterstützende Engelessenzen:
Teste, welche Engel-Aura-Essenz und / oder Engelessenz du verwenden solltest.

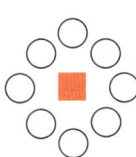
Schutzkreis legen

Engelsymbol No. 46

Engel-Aura-Essenz „Energetische Reinigung"
Engel-Aura-Essenz „Erzengel Raphael"

Wasserbelebung

Energetisieren

Diese Art, Wasser zu energetisieren und zu beleben ist eine unkomplizierte und preisgünstige Alternative zu teuren Wasserbelebungs-apparaten.

Ohne Testen

1. Lege eine beliebige Engelsymbolkarte, beispielsweise die Karte No. 06 | Veränderung und Verwandlung, unter einen Krug, eine Flasche oder ein Glas Wasser und lasse sie ein wenig darauf stehen.
2. Das Wasser nimmt innerhalb weniger Sekunden die Engelenergien auf und behält sie. Du erhältst dadurch ein hochenergetisches, hochwertiges Wasser!

Mit Testen

1. Teste, welche Engelsymbolkarte du für dein Wasser benötigst, um es am optimalsten zu energetisieren.
2. Teste, wie lange der Krug / die Flasche / das Glas auf der Karte stehen soll.

„Tages"- oder „Familienwasser"

Kann individuell für die jeweiligen Bedürfnisse einer Einzelperson oder Familie hergestellt werden.

Ohne Testen

1. Konzentriere dich auf deine Familie bzw. auf dich und ziehe aus dem Kartenset eine Engelsymbolkarte.
2. Lies nach, welches Thema gerade aktuell ist (event. Familienthema).
3. Lege diese Karte für einige Minuten unter das Trinkwasser.
4. Diesen Vorgang kannst du täglich oder einmal wöchentlich wiederholen.

Mit Testen

1. Teste, welche Engelsymbolkarte du für dich oder deine Familie benötigst.
2. Teste im Buch nach, welche Botschaft diese Karte enthält.
3. Fahre fort wie links beschrieben.

Engelsymbol No. 06

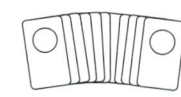

1 Karte ziehen

Kräftigen

Ohne Testen

1. Lege die Engelsymbolkarte
   No. 47 | „Erzengel Uriel" unter die
   Gießkanne bzw. sprühe die Pflanze
   immer wieder mit der Engel-Aura-
   Essenz „Erzengel Uriel" ein.

Mit Testen

1. Teste, welche Engelsymbolkarte bzw.
   Engel-Aura-Essenz deine Pflanze benötigt
   und fahre fort wie links beschrieben.

Wachsen und Blühen unterstützen

Ohne Testen

1. Wie oben, aber die Engelsymbolkarte
   No. 44 | „Erzengel Chamuel" bzw.
   die Engel-Aura-Essenz „Erzengel
   Chamuel" verwenden.

Mit Testen

wie oben

Engelsymbol No. 47

Engelsymbol No. 44

TEIL II - Engel-Kombi-Symbole

Einige Menschen haben Scheu davor, mit den
Engel-Kombi-Symbolen (kurz EKS genannt) zu arbeiten.
Dabei ist es doch so einfach! Für Energetiker und interessierte
Laien habe ich in meinem Buch „Nutze die Kraft der Engel-Kombi-
Symbole" beschrieben, wie man die Engel-Kombi-Symbole in energeti-
sche Behandlungen einbeziehen kann. Hier liest du, wie du darüber
hinaus diese wunderbaren Symbole noch nutzen kannst. Und: Es ist
wirklich ganz einfach! Probiere es doch selbst!

Schutz durch Klarsichtfolie

Lasse deine Engel-Kombi-Symbole auf der Vorder- und Rückseite
in einem Copy-Shop laminieren. Dann sind die Symbole praktisch
unverwüstlich. Die Engel-Energie geht durch die Schutzfolie nicht
verloren!

 Schutzkreis legen

Sortieren

Lege alle Engel-Kombi-Symbole mit der beschrifteten Seite nach oben. Dann beginne, sie nach Nummern und Namen zu sortieren.

Also, alle Engel-Kombi-Symbole „No. 1 | Lariel" heraussuchen und beiseite legen, danach die Symbole „No. 02 | Nanael". Folgende Sets sind dem Buch „Nutze die Kraft der Engel-Kombi-Symbole" beigefügt:

No. 01 – Lariel

No. 02 – Nanael

No. 03 – Hariel

No. 04 – Aniel

No. 07 – Carmiel

No. 10 – Nithael

No. 11 – Lunael

No. 12 – Haziel

No. 13 – Yeliel

No. 14 – Corael

No. 22 – Doriel

No. 24 – Sorael

No. 25 – Cithael

No. 28 – Cosiel

No. 38 – Luciel

No. 42 – Coruel

No. 43 – Loriel

No. 59 – Ismael

Aufkleben

Engel-Kombi-Symbole werden häufig auf den Körper aufgeklebt. Dabei ist es völlig ausreichend, wenn man die Symbole auf die Kleidung klebt. Ihr energetischer Wirkungsgrad ist so groß, dass sie nicht direkt auf der Haut kleben müssen.

Aufbewahrung

Besorge dir eine Ringmappe samt Klarsicht-Einlageblätter für Dias oder für Münzen – oder eine komplette Aufbewahrungsmappe für Dias oder Münzen. Das ist handlich, praktisch und übersichtlich! Der Tipp kommt aus der Schweiz: Ein herzliches Dankeschön an Brigitte Heynen aus Basel!

Und nun, da alles vorbereitet ist, kann es losgehen! Du wirst sehen, wie vielfältig du deine Engel-Kombi-Symbole nutzen kannst!

Engel-Kombi-Symbole

Engel-Kombi-Symbole No. 01 – Lariel > 7 Symbole

1.1 Heilkreis – körperlicher Notfall
1.2 Neigung zu ständigen Erkrankungen
1.3 „Engel-Reiki" | körperliche Ebene
1.4 Auf verspannte Körperstellen auflegen
1.5 Medikamente aufladen
1.6 Nahrungsmittel aufladen
1.7 Engelhilfe in der Nacht
1.8 Energetischer Schutz und Hilfe während einer Operation
1.9 Körperliche Schwäche

Engel-Kombi-Symbole No. 02 – Nanael > 7 Symbole

2.1 Heilkreis – seelischer Notfall
2.2 Auf verspannte Körperstellen auflegen
2.3 Nahrungsmittel aufladen
2.4 „Engel-Reiki" | seelische Ebene
2.5 Medikamente aufladen
2.6 Nach Narkosen

Engel-Kombi-Symbole No. 03 – Hariel > 7 Symbole

3.1 Notfall-Situationen bei Kindern
3.2 Kindergarten-Eintritt
3.3 Familien-Zuwachs
3.4 Frühstück für kleine Angsthasen
3.5 Schul-Wasser
3.6 Schulängste
3.7 Inneres Kind
3.8 Kinderkosmetik energetisieren
3.9 Medikamente energetisieren
3.10 Vitamin- und Mineralstoffgaben energetisieren

Engel-Kombi-Symbole No. 04 – Aniel > 7 Symbole

4.1   Heilkreis – bei Erkältung
4.2   Medikamente entstören
4.3   Kosmetika entstören
4.4   Nahrungsmittel entstören
4.5   Tierfutter entstören
4.6   Impfstoffe entstören
4.7   Lymphdrainage unterstützen
4.8   Narkose entgiften
4.9   Nach Ultraschall und sonstigen technischen Untersuchungen
4.10 Übersäuerung
4.11 „Engel-Geldwäsche"

Engel-Kombi-Symbole No. 07 – Carmiel > 7 Symbole und
Engel-Kombi-Symbole No. 11 – Lunael > 7 Symbole

7.1   Immunsystem stärken
7.2   Engel-Immun-Wasser

Engel-Kombi-Symbole No. 10 – Nithael > 7 Symbole

10.1 Nahrungsmittel-Unverträglichkeit
10.2 Medikamentenunverträglichkeit
10.3 Personen-„Allergien"

Engel-Kombi-Symbole No. 12 – Haziel > 15 Symbole

12.1. Chakren reinigen – aufladen – vereinigen – versiegeln

Engel-Kombi-Symbole No. 13 – Yeliel > 14 Symbole

13.1 Meridiansystem stärken – Meridianausgleich

Engel-Kombi-Symbole

Engel-Kombi-Symbole No. 14 – Corael > 12 Symbole und Engel-KombiSymbole No. 38 > 8 Symbole

14.1 Ein Organ stärken
14.2 Alle Organe vorbeugend stärken
14.3 Nahrung energetisieren

Engel-Kombi-Symbole No. 22 – Doriel > 7 Symbole

22.1 Frühstück für große Angsthasen
22.2 Schulängste – im Schutzkreis schlafen
22.3 Angst-Schutzkreis legen

Engel-KombiSymbole No. 24 – Sorael > 7 Symbole

24.1 Körper energetisch reinigen
24.2 Gegenstände energetisch reinigen
24.3 Räume energetisch reinigen
24.4 Gebäude energetisch reinigen
24.5 Großes Cutting mit Karma- und Fremdenergie-Symbolen (siehe Pkt. 25.1)

Engel-Kombi-Symbole No. 25 – Cithael > 7 Symbole

25.1 Großes Cutting mit Karma- und Fremdenergie-Symbolen
25.2 Großes Cutting mit Karma- und Abgrenzungs-Symbolen
25.3 Großes Cutting mit Karma- und Sterbebegleitungs-Symbolen

Engel-Kombi-Symbole No. 28 – Cosiel > 7 Symbole

28.1 Im Heilkreis schlafen
28.2 Heilkreis legen
28.3 Am Körper auflegen
28.4 Auf Übertragungskarte legen

Engel-Kombi-Symbole No. 42 – Coruel > 7 Symbole

42.1 Meditation mit Abgrenzungssymbolen
42.2 Am Körper auflegen
42.3 Großes Cutting mit Karma- und Abgrenzungs-Symbolen (siehe Pkt. 25.2)

Engel-Kombi-Symbole No. 43 – Loriel > 7 Symbole

43.1 In kritischen Situationen
43.2 Vor Operationen
43.3 Helfer für Helfer
43.4 Stagnation im Heilungsprozess
43.5 „Engel-Reiki"

Engel-Kombi-Symbole No. 59 – Ismael > 7 Symbole

59.1 Begleitung von Sterbenden
59.2 Begleitung von Angehörigen
59.3 Begleitung nach dem Tod
59.4 Unterstützung bei großen Umbrüchen im Leben
59.5 Großes Cutting mit Karma- und Sterbebegleitungs-Symbolen (siehe Pkt. 25.3)

Engel-Kombi-Symbole
No. 01 – Lariel

Sieben Symbole

1.1 Heilkreis

Vor, während bzw. nach körperlichen Notfällen, wie (hartnäckigen) Erkrankungen, Operationen, Unfällen etc., unterstützen diese Engel-Kombi-Symbole den Heilungs- bzw. Genesungsprozess auf der feinstofflichen Ebene.

Ohne Testen

1. Nimm alle 7 EKS No. 01 | Lariel zur Hand und lege damit einen Kreis.
2. Lege in die Mitte des Kreises ein Foto oder einen Namenszettel.
3. Lasse alles liegen, bis sich das körperliche Problem gebessert hat oder der Heilungsprozess abgeschlossen ist.

Unterstützende Engelessenzen:
Engel-Kombi-Essenz oder -Öl No. 01 | Lariel, Engel-Aura-Essenz „Erzengel Raphael"

Mit Testen

1. Teste, welche der EKS No. 01 | Lariel auf oder um ein Foto oder einen Namenszettel gelegt werden sollen.
2. Teste, wie lange die Symbole liegen bleiben sollen.

Unterstützende Engelessenzen:
Teste, mit welcher Engel-Aura-Essenz du die kranke Person unterstützen kannst.
Teste, ob sie vielleicht noch eine Engelessenz, eine Engel-Kombi-Essenz oder ein Engel-Kombi-Öl benötigt (Menge, Häufigkeit, Dauer austesten).

 Schutzkreis legen

 Engel-Kombi-Essenz oder -Öl No. 01
Engel-Aura-Essenz „Erzengel Raphael"

1.2 Neigung zu ständigen Erkrankungen

Menschen, die ständig erkranken oder sich nur schwer von Krankheiten erholen, kann man mit diesen Engel-Kombi-Symbolen im feinstofflichen Heilungsprozess unterstützen.

Ohne Testen

1. Nimm alle 7 EKS No. 01 | Lariel zur Hand und lege damit einen Kreis.
2. Lege in die Mitte des Kreises ein Foto oder einen Namenszettel.
3. Lasse alles liegen, bis sich das körperliche Problem gebessert hat oder der Heilungsprozess abgeschlossen ist

Unterstützende Engelessenzen:

Engel-Kombi-Essenz oder -Öl No. 01 | Lariel | Körperlicher Notfall, Engel-Aura-Essenz „Erzengel Raphael"

Mit Testen

1. Teste, welche der EKS No. 01 | Lariel auf oder um ein Foto oder einen Namenszettel gelegt werden sollen.
2. Teste, wie lange die Symbole liegen bleiben sollen.

Unterstützende Engelessenzen:

Teste, mit welcher Engel-Aura-Essenz du die kranke Person unterstützen kannst. Teste, ob sie vielleicht noch eine Engelessenz, eine Engel-Kombi-Essenz oder ein Engel-Kombi-Öl benötigt (Menge, Häufigkeit, Dauer austesten).

1.3 „Engel-Reiki" | körperliche Ebene

Nutze die Heilkraft der Engel und lasse sie durch deine Hände fließen!

Ohne Testen

1. Suche die 7 EKS No. 01 | Lariel heraus und lege sie in einem Kreis aus.
2. Halte deine rechte Handfläche darüber und verweile so ca. eine halbe Minute.
3. Danach halte deine linke Handfläche über die Symbole.
4. Jetzt kannst du deine mit Engel-Heilenergie aufgeladenen Hände auf verspannte oder schmerzende Körperstellen legen.

Unterstützende Engelessenzen:

Engel-Kombi-Essenz oder -Öl No. 01 | Lariel, Engel-Aura-Essenz „Erzengel Raphael"

Mit Testen

1. Teste, welche und wie viele EKS aus der Serie No. 01 | Lariel du zum Aufladen deiner Hände benötigst.
2. Teste, ob du nur eine oder beide Hände aufladen sollst.
3. Fahre fort wie links beschrieben.

Unterstützende Engelessenzen:

Teste, mit welcher Engel-Aura-Essenz du die kranke Person unterstützen kannst. Teste, ob sie vielleicht noch eine Engelessenz, eine Engel-Kombi-Essenz oder ein Engel-Kombi-Öl benötigt (Menge, Häufigkeit, Dauer austesten).

Schutzkreis legen

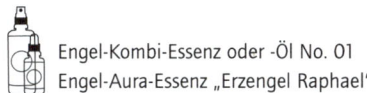
Engel-Kombi-Essenz oder -Öl No. 01
Engel-Aura-Essenz „Erzengel Raphael"

1.4 Auf schmerzende Körperstellen auflegen

Verwende die Engel-Kombi-Symbole für verspannte oder schmerzende Körperstellen. So werden Blockaden im feinstofflichen Körper aufgelöst. (Nicht auf offene Wunden oder Verletzungen legen oder kleben!)

Ohne Testen
1. Lasse den Betroffenen intuitiv ein EKS No. 01 | Lariel auswählen.
2. Lege / klebe das Symbol auf die schmerzende Körperstelle auf. (Vor dem Aufkleben sollten die Symbole laminiert werden!)
3. Lasse das Symbol einige Stunden, am besten über Nacht kleben.
4. Im Bedarfsfall in den nächsten Tagen wiederholen.

Unterstützende Engelessenzen:
Engel-Kombi-Essenz oder -Öl No. 01 | Lariel, Engel-Aura-Essenz „Erzengel Raphael"

Mit Testen
1. Teste, welche der EKS No. 01 | Lariel benötigt werden.
2. Teste, wo genau am Körper das Symbol aufgeklebt / aufgelegt werden soll.
3. Teste, wie lange das Symbol am Körper bleiben soll.
4. Teste, wie oft der Vorgang wiederholt werden soll.

Unterstützende Engelessenzen:
Teste, mit welcher Engel-Aura-Essenz du die betreffende Person unterstützen kannst. Teste, ob sie vielleicht noch eine Engelessenz, eine Engel-Kombi-Essenz oder ein Engel-Kombi-Öl benötigt (Menge, Häufigkeit, Dauer austesten).

1.5 Medikamente aufladen

Der biochemischen Heilkraft von Medikamenten kann man die hilfreichen Energien der Engelwelt hinzufügen!

(Vorher Punkt 4.2 – Medikamente entstören durchführen!)

Ohne Testen
1. Nimm alle 7 EKS No. 01 | Lariel zur Hand und lege damit einen Kreis.
2. Lege in die Mitte des Kreises das Medikament.
3. Lasse es 10 Minuten liegen, bevor es eingenommen wird.
4. Dieser Vorgang muss erst bei einer neuen Medikamenten-Packung wiederholt werden!

Unterstützende Engelessenzen:
Engel-Kombi-Essenz oder -Öl No. 01 | Lariel, Engel-Aura-Essenz „Erzengel Raphael"

Mit Testen
1. Teste, welche der EKS No. 01 | Lariel auf oder unter das Medikament gelegt werden sollen.
2. Teste, wie lange die Symbole liegen bleiben sollen.
3. Dieser Vorgang muss erst bei einer neuen Medikamenten-Packung wiederholt werden!

Unterstützende Engelessenzen:
Teste, mit welcher Engel-Aura-Essenz du die betreffende Person unterstützen kannst. Teste, ob sie vielleicht noch eine Engelessenz, eine Engel-Kombi-Essenz oder ein Engel-Kombi-Öl benötigt (Menge, Häufigkeit, Dauer austesten).

Schutzkreis legen

Engel-Kombi-Essenz oder -Öl No. 01
Engel-Aura-Essenz „Erzengel Raphael"

1.6 Nahrungsmittel aufladen

Kranke Menschen sollten gesunde, hochwertige Nahrung zu sich nehmen. Lebensmittel, die mit Engel-Heil-Energien aufgeladen werden, enthalten sehr hohe Schwingungen!

Ohne Testen

1. Nimm alle 7 EKS No. 01 | Lariel zur Hand und lege damit einen Kreis.
2. Stelle in die Mitte des Symbol-Kreises die Speise, die der Kranke zu sich nehmen wird.
3. Lasse die Speise 1 Minute im Kreis stehen, bevor sie gegessen wird.

Unterstützende Engelessenzen:
Engel-Kombi-Essenz oder -Öl No. 01 | Lariel, Engel-Aura-Essenz „Erzengel Raphael"

Mit Testen

1. Teste, welche der EKS No. 01 | Lariel unter die Speise gelegt werden sollen, die der Kranke zu sich nehmen wird.
2. Teste, wie lange die Symbole liegen bleiben sollen, bevor die Speise gegessen wird.

Unterstützende Engelessenzen:
Teste, mit welcher Engel-Aura-Essenz du die kranke Person unterstützen kannst.
Teste, ob sie vielleicht noch eine Engelessenz, eine Engel-Kombi-Essenz oder ein Engel-Kombi-Öl benötigt (Menge, Häufigkeit, Dauer austesten).

1.7 Engelhilfe in der Nacht

Engel arbeiten während der Nacht intensiv an uns Menschen.

Ohne Testen

1. Nimm alle 7 EKS No. 01 | Lariel zur Hand und lege sie unter das Kopfkissen.
2. Lasse sie während der Nacht darunter liegen.

Unterstützende Engelessenzen:
Engel-Kombi-Essenz oder -Öl No. 01 | Lariel, Engel-Aura-Essenz „Erzengel Raphael"

Mit Testen

1. Teste, welche der EKS No. 01 | Lariel unter das Kopfkissen des Kranken gelegt werden sollen.
2. Teste, wie lange die Symbole darunter liegen bleiben sollen.

Unterstützende Engelessenzen:
Teste, mit welcher Engel-Aura-Essenz du die betreffende Person unterstützen kannst.
Teste, ob sie vielleicht noch eine Engelessenz, eine Engel-Kombi-Essenz oder ein Engel-Kombi-Öl benötigt (Menge, Häufigkeit, Dauer austesten).

 Schutzkreis legen

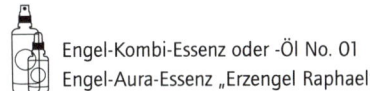 Engel-Kombi-Essenz oder -Öl No. 01
Engel-Aura-Essenz „Erzengel Raphael"

1.8 Energetischer Schutz und Hilfe während einer Operation

Während einer Familienaufstellung ist Engelschutz eine wichtige Begleitung.

Ohne Testen

1. Einige Tage vor der Operation kannst du bereits einen Heilkreis mit allen 7 EKS No. 01 | Lariel legen.
2. In die Mitte des Heilkreises Foto oder Namenszettel legen.
3. Lasse alles liegen, bis die Operation vorüber ist.

Unterstützende Engelessenzen:
Einige Tage vor der Operation und einige Zeit danach die Engel-Kombi-Essenz No. 32 | Sorihael einnehmen und die Fußsohlen mit dem Engel-Kombi-Öl No. 33 | Curiel einmassieren. Vor der Operation die Engel-Aura-Essenz „Erzengel Michael", danach eine Zeit lang „Erzengel Uriel" verwenden.

Mit Testen

1. Teste, welche und wie viele EKS No. 1 | Lariel du als Heilkreis für die Operation legen sollst.
2. Teste, wie viele Tage vor der Operation du damit beginnen sollst.
3. Fahre fort wie links beschrieben.

Unterstützende Engelessenzen:
Teste, welche Engel-Aura-Essenz, welches Engel-Kombi-Öl oder welche Engelessenz als Vorbereitung und Begleitung während der Operation am idealsten ist.

1.9 Körperliche Schwäche

Nach (schwerer) Krankheit, einer Operation, einer Geburt oder bei allgemeiner körperlicher Schwäche kannst du dem Körper stärkende, unterstützende Engelenergien „zuführen".

Ohne Testen

1. Nimm alle 7 EKS No. 01 | Lariel zur Hand und lege damit einen Kreis.
2. Lege in die Mitte des Kreises ein Foto oder einen Namenszettel.
3. Lasse alles liegen, bis sich die körperliche Schwäche gebessert hat.

Unterstützende Engelessenzen:
Engel-Kombi-Essenz oder -Öl No. 01 | Lariel, Engel-Aura-Essenz „Erzengel Uriel"

Mit Testen

1. Teste, welche der EKS No. 01 | Lariel auf oder um ein Foto oder einen Namenszettel gelegt werden sollen.
2. Teste, wie lange die Symbole liegen bleiben sollen.

Unterstützende Engelessenzen:
Teste, mit welcher Engel-Aura-Essenz du die kranke Person unterstützen kannst.
Teste, ob sie vielleicht noch eine Engelessenz, eine Engel-Kombi-Essenz oder ein Engel-Kombi-Öl benötigt (Menge, Häufigkeit, Dauer austesten).

Schutzkreis legen

Engel-Kombi-Essenz No. 32
Engel-Kombi-Öl No. 33
Engel-Aura-Essenz „Erzengel Michael"
Engel-Aura-Essenz „Erzengel Uriel"

Sieben Symbole

   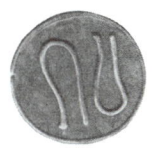   

2.1 Heilkreis

Energetisch Hilfreich bei starken seelischen Belastungen, bei Schocks, Panik und Verzweiflung

Ohne Testen

1. Nimm alle 7 EKS No. 02 | Nanael zur Hand und lege damit einen Kreis.
2. Lege in die Mitte des Kreises ein Foto oder einen Namenszettel.
3. Lasse alles liegen, bis sich das seelische Problem gebessert hat.

Unterstützende Engelessenzen:
Engel-Kombi-Essenz oder -Öl No. 02 | Nanael, Engel-Aura-Essenz „Erzengel Michael" oder „Erzengel Jophiel"

Mit Testen

1. Teste, welche der EKS No. 02 | Nanael auf oder um ein Foto oder einen Namenszettel gelegt werden sollen.
2. Teste, wie lange die Symbole liegen bleiben sollen.

Unterstützende Engelessenzen:
Teste, mit welcher Engel-Aura-Essenz du die betreffende Person unterstützen kannst. Teste, ob sie vielleicht noch eine Engelessenz, eine Engel-Kombi-Essenz oder ein Engel-Kombi-Öl benötigt (Menge, Häufigkeit, Dauer austesten).

Schutzkreis legen

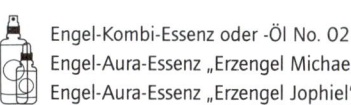

Engel-Kombi-Essenz oder -Öl No. 02
Engel-Aura-Essenz „Erzengel Michael"
Engel-Aura-Essenz „Erzengel Jophiel"

2.2 Auf verspannte Körperstellen auflegen

Menschen, die unter Stress, einem Schock oder seelischen Anspannungen leiden, spüren dies oft in einem verkrampften Magen (3. Chakra = Solarplexus). Auch Verspannungen im Rückenbereich, auf der Schulter oder im Nacken sind häufig auf seelische Belastungen zurückzuführen.

Ohne Testen
1. Lasse den Betroffenen intuitiv ein EKS No. 02 | Nanael auswählen.
2. Lege / klebe das Symbol auf die schmerzende Körperstelle (vor dem Aufkleben sollten die Symbole laminiert werden!).
3. Lasse das Symbol einige Stunden, am besten über Nacht kleben.
4. Eventuell in den nächsten Tagen wiederholen.

Unterstützende Engelessenzen:
Engel-Kombi-Essenz oder -Öl No. 02 | Nanael, Engel-Aura-Essenz „Erzengel Jophiel"

Mit Testen
1. Teste, welches der EKS No. 02 | Nanael benötigt wird.
2. Teste, wo genau am Körper das Symbol aufgeklebt / aufgelegt werden soll.
3. Teste, wie lange das Symbol am Körper bleiben soll.

Unterstützende Engelessenzen:
Teste, mit welcher Engel-Aura-Essenz du die betreffende Person unterstützen kannst.
Teste, ob sie vielleicht noch eine Engelessenz, eine Engel-Kombi-Essenz oder ein Engel-Kombi-Öl benötigt (Menge, Häufigkeit, Dauer austesten).

2.3 Nahrungs- mittel aufladen

Gestresste Menschen sollten gesunde, hochwertige Nahrung zu sich nehmen. Lebensmittel, die mit Engel-Energien aufgeladen werden, enthalten sehr hohe Schwingungen!

Ohne Testen
1. Nimm alle 7 EKS No. 02 | Nanael zur Hand und lege damit einen Kreis.
2. Stelle in die Mitte des Kreises die Speise, die der Betroffene zu sich nehmen wird.
3. Lasse die Speise 1 Minute im Kreis stehen, bevor sie gegessen wird.

Unterstützende Engelessenzen:
Engel-Kombi-Essenz oder -Öl No. 02 | Nanael, Engel-Aura-Essenz „Erzengel Jophiel"

Mit Testen
1. Teste, welche der EKS No. 02 | Nanael unter die Speise gelegt werden sollen.
2. Teste, wie lange die Symbole liegen bleiben sollen.

Unterstützende Engelessenzen:
Teste, mit welcher Engel-Aura-Essenz du die betreffende Person unterstützen kannst.
Teste, ob sie vielleicht noch eine Engelessenz, eine Engel-Kombi-Essenz oder ein Engel-Kombi-Öl benötigt (Menge, Häufigkeit, Dauer austesten).

 Schutzkreis legen

 Engel-Kombi-Essenz oder -Öl No. 02
Engel-Aura-Essenz „Erzengel Jophiel"

2.4 „Engel-Reiki" | Seelische Ebene

Nutze die Heilkraft der Engel und lasse sie durch deine Hände fließen!

Ohne Testen

1. Suche die 7 EKS No. 02 | Nanael heraus und lege sie in einem Kreis aus.
2. Halte deine rechte Handfläche darüber und verweile so ca. eine halbe Minute.
3. Halte danach deine linke Handfläche über die Symbole.
4. Jetzt kannst du deine mit Engel-Heilenergie aufgeladenen Hände auf verspannte oder nervöse Körperstellen auflegen.

Unterstützende Engelessenzen:

Engel-Kombi-Essenz oder -Öl No. 02 | Nanael, Engel-Aura-Essenz „Erzengel Jophiel"

Mit Testen

1. Teste, welche und wie viele EKS aus der Serie No. 02 | Nanael du zum Aufladen deiner Hände benötigst.
2. Teste, ob du nur eine oder beide Hände aufladen sollst.
3. Fahre fort wie links beschrieben.

Unterstützende Engelessenzen:

Teste, mit welcher Engel-Aura-Essenz du die betreffende Person unterstützen kannst.
Teste, ob sie vielleicht noch eine Engelessenz, eine Engel-Kombi-Essenz oder ein Engel-Kombi-Öl benötigt (Menge, Häufigkeit, Dauer austesten).

2.5 Medikamente aufladen

Menschen, die Psychopharmaka einnehmen müssen, kann die Kraft der Engel bei seelischen Problemen eine große Hilfe und Unterstützung sein.

(Vorher Punkt 4.2 – "Medikamente entstören" durchführen!)

Ohne Testen

1. Nimm alle 7 EKS No. 02 | Nanael zur Hand und lege damit einen Kreis.
2. Lege das Medikament in die Mitte des Kreises.
3. Lasse es 10 Minuten liegen, bevor es eingenommen wird.
4. Dieser Vorgang muss erst bei einer neuen Medikamenten-Packung wiederholt werden!

Unterstützende Engelessenzen:

Engel-Kombi-Essenz oder -Öl No. 02 | Nanael, Engel-Aura-Essenz „Erzengel Jophiel"

Mit Testen

1. Teste, welche der EKS No. 02 | Nanael auf oder unter das Medikament gelegt werden sollen.
2. Teste, wie lange die Symbole liegen bleiben sollen.
3. Dieser Vorgang muss erst bei einer neuen Medikamenten-Packung wiederholt werden!

Unterstützende Engelessenzen:

Teste, mit welcher Engel-Aura-Essenz du die betreffende Person unterstützen kannst.
Teste, ob sie vielleicht noch eine Engelessenz, eine Engel-Kombi-Essenz oder ein Engel-Kombi-Öl benötigt (Menge, Häufigkeit, Dauer austesten).

 Schutzkreis legen

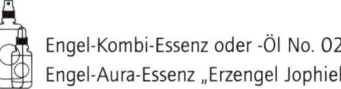 Engel-Kombi-Essenz oder -Öl No. 02
Engel-Aura-Essenz „Erzengel Jophiel"

2.6 Nach Narkosen

Narkose-Rückstände sind im Körper und in der Aura oft noch nach Jahren oder gar nach Jahrzehnten festzustellen. Eine Reinigung der Aura ist mit den EKS No. 02 | Nanael oder No. 32 | Sorihael möglich!

Ohne Testen

1. Nimm alle 7 EKS No. 02 | Nanael zur Hand und lege damit einen Kreis.
2. Lege in die Mitte des Kreises ein Foto oder einen Namenszettel.
3. Lasse alles einige Wochen lang liegen.

Unterstützende Engelessenzen:

Engel-Kombi-Essenz oder -Öl No. 32 | Sorihael, Engel-Aura-Essenz „Erzengel Jophiel"

Mit Testen

1. Teste, welche der EKS No. 02 | Nanael auf oder um ein Foto oder einen Namenszettel gelegt werden sollen.
2. Teste, wie lange die Symbole liegen bleiben sollen.

Unterstützende Engelessenzen:

Teste, mit welcher Engel-Aura-Essenz du die betreffende Person unterstützen kannst. Teste, ob sie vielleicht noch eine Engelessenz, eine Engel-Kombi-Essenz oder ein Engel-Kombi-Öl benötigt (Menge, Häufigkeit, Dauer austesten).

 Schutzkreis legen

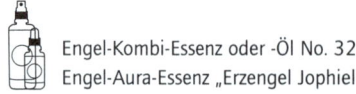 Engel-Kombi-Essenz oder -Öl No. 32 Engel-Aura-Essenz „Erzengel Jophiel"

Sieben Symbole

 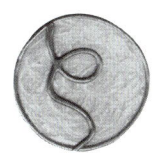   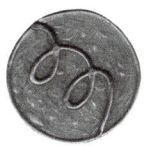  

3.1 Notfall-Situationen von Kindern

In seelischen oder körperlichen Notfall-Situationen kann man Kindern energetisch helfen – auch wenn sie nicht anwesend sind.

Ohne Testen

1. Nimm alle 7 EKS No. 03 | Hariel zur Hand und lege damit einen Kreis.
2. Lege in die Mitte des Kreises ein Foto oder einen Namenszettel des Kindes
3. Lasse alles liegen, bis sich das körperliche oder seelische Problem gebessert hat oder der Heilungsprozess abgeschlossen ist.

Unterstützende Engelessenzen:
Engel-Kombi-Öl No. 03 | Hariel,
Engel-Aura-Essenz „Kinder Beruhigung"

Mit Testen

1. Teste, welche der EKS No. 03 | Hariel auf oder um ein Foto oder einen Namenszettel des Kindes gelegt werden sollen.
2. Teste, wie lange die Symbole liegen bleiben sollen.

Unterstützende Engelessenzen:
Teste, mit welcher Engel-Aura-Essenz du das Kind unterstützen kannst.
Teste, ob es vielleicht noch eine Engelessenz, eine Engel-Kombi-Essenz oder ein Engel-Kombi-Öl benötigt (Menge, Häufigkeit, Dauer austesten).

Schutzkreis legen

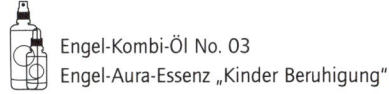

Engel-Kombi-Öl No. 03
Engel-Aura-Essenz „Kinder Beruhigung"

3.2 Kindergarteneintritt

Der Eintritt in den Kindergarten stellt für viele Kinder ein Problem dar. Mit den Engel-Kombi-Symbolen kann man sie gut unterstützen!

Diese Methode lässt sich natürlich auch für den Schuleintritt verwenden.

Ohne Testen

1. Nimm alle 7 EKS No. 03 | Hariel zur Hand und lege damit einen Kreis.
2. Lege in die Mitte des Kreises einen Zettel, auf den du zuvor den Namen des Kindes, den Namen des Kindergartens, der Gruppe etc. schreibst. Wenn du ein Gruppenfoto hast, kannst du auch dieses verwenden.
3. Lasse alles liegen, bis sich das Problem gebessert hat.

Unterstützende Engelessenzen:
Engel-Kombi-Öl No. 03 | Hariel,
Engel-Aura-Essenz „Kinder Beruhigung"

Mit Testen

1. Teste, welche der EKS No. 03 | Hariel auf einen Zettel, auf den du zuvor den Namen des Kindes, den Namen des Kindergartens, der Gruppe etc. geschrieben hast, aufgelegt werden sollen. Wenn du ein Gruppenfoto hast, kannst du auch dieses verwenden.
2. Teste, wie lange die Symbole liegen bleiben sollen.

Unterstützende Engelessenzen:
Teste, mit welcher Engel-Aura-Essenz du das Kind unterstützen kannst.
Teste, ob es vielleicht noch eine Engelessenz, eine Engel-Kombi-Essenz oder ein Engel-Kombi-Öl benötigt (Menge, Häufigkeit, Dauer austesten).

3.3 Familien-Zuwachs

Auf ein Baby in der Familie reagieren viele Kinder mit Eifersucht, Aggressionen oder Rückzug. Auch dafür kannst du die Engelsymbole verwenden.

Ohne Testen

1. Nimm alle 7 EKS No. 03 | Hariel zur Hand und lege damit einen Kreis.
2. Lege in die Mitte des Kreises einen Zettel, auf den du zuvor den Namen des Kindes und des Neugeborenen schreibst. Wenn du ein Foto von beiden hast, kannst du auch dieses verwenden.
3. Lasse alles liegen, bis sich das Problem gebessert hat.

Unterstützende Engelessenzen:
Engel-Kombi-Öl No. 03 | Hariel,
Engel-Aura-Essenz „Kinder Beruhigung"

Mit Testen

1. Teste, welche der EKS No. 03 | Hariel du auf einen Zettel, auf den du zuvor den Namen des Kindes und des Neugeborenen geschrieben hast, legen sollst. Wenn du ein Foto von beiden hast, kannst du auch dieses verwenden.
2. Teste, wie lange die Symbole liegen bleiben sollen.

Unterstützende Engelessenzen:
Teste, mit welcher Engel-Aura-Essenz du das Kind unterstützen kannst.
Teste, ob es vielleicht noch eine Engelessenz, eine Engel-Kombi-Essenz oder ein Engel-Kombi-Öl benötigt (Menge, Häufigkeit, Dauer austesten).

Schutzkreis legen

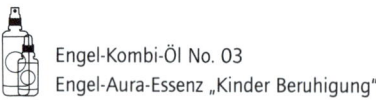
Engel-Kombi-Öl No. 03
Engel-Aura-Essenz „Kinder Beruhigung"

3.4 Frühstück für kleine Angsthasen

Ängstliche Kinder kann man unterstützen, indem man ihnen helfende Engelenergien bereits mit dem Frühstück "einflößt".

Ohne Testen

1. Nimm alle 7 EKS No. 03 | Hariel zur Hand und lege damit einen Kreis.
2. Stelle in die Mitte des Kreises die Speisen und Getränke, die das Kind zu sich nehmen wird.
3. Lasse die Speisen 1 Minute im Kreis stehen, bevor sie gegessen werden.

Unterstützende Engelessenzen:
Engel-Kombi-Öl No. 03 | Hariel
Engel-Aura-Essenz „Kinder-Beruhigung"

Mit Testen

1. Teste, welche der EKS No. 03 | Hariel unter die Speise gelegt werden sollen, die das Kind zu sich nehmen wird.
2. Teste, wie lange die Symbole liegen bleiben sollen.

Unterstützende Engelessenzen:
Teste, mit welcher Engel-Aura-Essenz du das Kind unterstützen kannst.
Teste, ob es vielleicht noch eine Engelessenz, eine Engel-Kombi-Essenz oder ein Engel-Kombi-Öl benötigt (Menge, Häufigkeit, Dauer austesten).

3.5 „Schul-Wasser"

Lehrer sind oft verzweifelt, wenn sich Kinder schwer in die Klasse integrieren. Da sie in der Schule weder Tropfen noch Essenzen verabreichen dürfen, hier eine einfache Möglichkeit, um den Kindern zu helfen.

Ohne Testen

1. Nimm alle 7 EKS No. 03 | Hariel zur Hand und lege damit einen Kreis.
2. Stelle in die Mitte des Kreises einen Krug mit Wasser.
3. Lasse das Wasser 1 Minute im Symbol-Kreis stehen, bevor es getrunken wird.

Unterstützende Engelessenzen:
Engel-Aura-Essenz „Kinder-Beruhigung"

Mit Testen

1. Teste, welche der EKS No. 03 | Hariel unter den Wasserkrug gelegt werden sollen.
2. Teste, wie lange die Symbole liegen bleiben sollen, bevor das Wasser getrunken wird.

Unterstützende Engelessenzen:
Engel-Aura-Essenz „Kinder-Beruhigung"

Schutzkreis legen

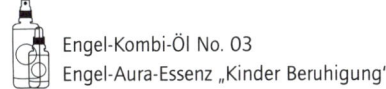
Engel-Kombi-Öl No. 03
Engel-Aura-Essenz „Kinder Beruhigung"

3.6 Schulängste

Viele Kinder leiden unter Schulängsten. Hier eine Möglichkeit, wie man ihnen energetisch helfen kann.

Ohne Testen

1. Nimm alle 7 EKS No. 03 | Hariel zur Hand und lege sie unter das Kopfkissen des Kindes.
2. Lasse sie während der Nacht darunter liegen.
3. Einige Tage bzw. Wochen lang durchführen.

Unterstützende Engelessenzen:
Engel-Kombi-Öl No. 03 | Hariel,
Engel-Aura-Essenz „Kinder-Beruhigung"

Mit Testen

1. Teste, welche der EKS No. 03 | Hariel unter das Kopfkissen des Kindes gelegt werden sollen.
2. Teste, wie lange die Symbole darunter liegen bleiben sollen und über welchen Zeitraum.

Unterstützende Engelessenzen:
Teste, mit welcher Engel-Aura-Essenz du das Kind unterstützen kannst.
Teste, ob es vielleicht noch ein Engel-Kombi-Öl benötigt (Menge, Häufigkeit, Dauer austesten).

3.7 Inneres Kind

Probleme von Erwachsenen haben ihren Ursprung oft in der Kindheit. Wenn das „Innere Kind" verletzt ist, benötigt es Heilung.

Ohne Testen

1. Nimm alle 7 EKS No. 03 | Hariel zur Hand und lege damit einen Kreis.
2. Lege in die Mitte des Kreises ein Foto oder Namenszettel des Erwachsenen.
3. Lasse alles liegen, bis sich das körperliche oder seelische Problem gebessert hat oder der Heilungsprozess abgeschlossen ist.

Unterstützende Engelessenzen:
Engel-Kombi-Öl No. 03 | Hariel,
Engel-Aura-Essenz „Kinder Beruhigung"

Mit Testen

1. Teste, welche der EKS No. 03 | Hariel auf oder um ein Foto oder einen Namenszettel des Erwachsenen gelegt werden sollen.
2. Teste, wie lange die Symbole liegen bleiben sollen.

Unterstützende Engelessenzen:
Teste, mit welcher Engel-Aura-Essenz du den Betreffenden unterstützen kannst.
Teste, ob es vielleicht noch eine Engelessenz, eine Engel-Kombi-Essenz oder ein Engel-Kombi-Öl benötigt (Menge, Häufigkeit, Dauer austesten).

 Schutzkreis legen

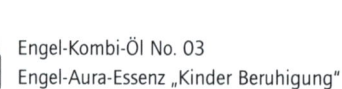 Engel-Kombi-Öl No. 03
Engel-Aura-Essenz „Kinder Beruhigung"

3.8 Kinderkosmetik energetisieren

Kindershampoos, Lotions, Zahnpasten etc. werden nicht immer aus natürlichen Grundsubstanzen gewonnen. Vielfach werden dafür Substanzen verwendet, die auf Mineralöl-Basis hergestellt werden. Um die energetische Qualität der Kinder-Kosmetikprodukte zu verbessern, kannst du die Engelsymbole verwenden!

Ohne Testen

1. Nimm alle 7 EKS No. 03 | Haniel zur Hand und lege damit einen Kreis.
2. Lege in die Mitte des Kreises den Kosmetikartikel.
3. Lasse ihn 10 Minuten liegen, bevor er verwendet wird.
4. Dieser Vorgang muss erst bei einer neuen Packung wiederholt werden!

Mit Testen

1. Teste, welche der EKS No. 03 | Haniel auf oder unter den Kosmetikartikel gelegt werden sollen.
2. Teste, wie lange die Symbole liegen bleiben sollen.

3.9 Medikamente energetisieren

Der biochemischen Heilkraft von Medikamenten kann man die hilfreichen Energien der Engelwelt hinzufügen!

(Vorher Punkt 4.2. – Medikamente entstören durchführen!)

Ohne Testen

1. Nimm alle 7 EKS No. 03 | Hariel zur Hand und lege damit einen Kreis.
2. Lege in die Mitte des Kreises das Medikament.
3. Lasse es 10 Minuten liegen, bevor es eingenommen wird.
4. Dieser Vorgang muss erst bei einer neuen Medikamenten-Packung wiederholt werden!

Unterstützende Engelessenzen:
Engel-Kombi-Öl No. 03 | Hariel,
Engel-Aura-Essenz „Kinder-Beruhigung"

Mit Testen

1. Teste, welche der EKS No. 03 | Hariel auf oder unter das Medikament gelegt werden sollen.
2. Teste, wie lange die Symbole liegen bleiben sollen.
3. Dieser Vorgang muss erst bei einer neuen Medikamenten-Packung wiederholt werden!

Unterstützende Engelessenzen:
Teste, mit welcher Engel-Aura-Essenz du das kranke Kind unterstützen kannst.
Teste, ob es vielleicht noch eine Engelessenz, eine Engel-Kombi-Essenz oder ein Engel-Kombi-Öl benötigt (Menge, Häufigkeit, Dauer austesten).

Schutzkreis legen

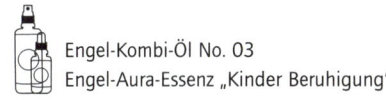

Engel-Kombi-Öl No. 03
Engel-Aura-Essenz „Kinder Beruhigung"

3.10 Vitamin- und Mineralstoffgaben energetisieren

Vitamine und Mineralstoffe sind wichtige Botenstoffe für den Körper – „angereichert" mit Engelenergien sind sie dies auch für den feinstofflichen körperlichen Bereich.

Ohne Testen

1. Nimm alle 7 EKS No. 03 | Hariel zur Hand und lege damit einen Kreis.
2. Lege in die Mitte des Kreises die Vitamine oder Mineralstoffe.
3. Lasse sie 10 Minuten liegen, bevor sie eingenommen werden.
4. Dieser Vorgang muss erst bei einer neuen Packung wiederholt werden!

Mit Testen

1. Teste, welche der EKS No. 03 | Hariel auf oder unter die Vitamine oder Mineralstoffe gelegt werden sollen.
2. Teste, wie lange die Symbole liegen bleiben sollen.
3. Dieser Vorgang muss erst bei einer neuen Packung wiederholt werden!

Schutzkreis legen

Sieben Symbole

   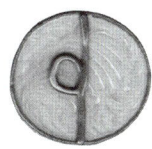  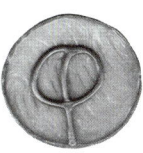 

4.1 Heilkreis

Diese Engel-Kombi-Symbole unterstützen den Körper bei Erkältung, Entgiftung und Entschlackung auf der feinstofflich-energetischen Ebene und reinigen die Aura.

Ohne Testen

1. Nimm alle 7 EKS No. 04 | Aniel zur Hand und lege damit einen Kreis.
2. Lege in die Mitte des Kreises ein Foto oder einen Namenszettel.
3. Lasse alles liegen, bis sich das körperliche Problem gebessert hat – bei Entgiftungs- oder Entschlackungsprozessen bis zu drei Wochen lang.

Unterstützende Engelessenzen:
Engel-Kombi-Essenz oder -Öl No. 04 | Aniel, Engel-Aura-Essenz „Energetische Reinigung"

Mit Testen

1. Teste, welche der EKS No. 04 | Aniel auf oder um ein Foto oder einen Namenszettel gelegt werden sollen.
2. Teste, wie lange die Symbole liegen bleiben sollen.

Unterstützende Engelessenzen:
Teste, mit welcher Engel-Aura-Essenz du die betreffende Person unterstützen kannst. Teste, ob sie vielleicht noch eine Engelessenz, eine Engel-Kombi-Essenz oder ein Engel-Kombi-Öl benötigt (Menge, Häufigkeit, Dauer austesten).

Schutzkreis legen

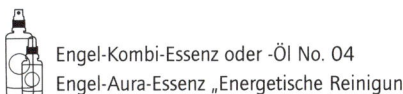
Engel-Kombi-Essenz oder -Öl No. 04
Engel-Aura-Essenz „Energetische Reinigung"

4.2 Medikamente

Medikamente enthalten oftmals belastende Schwingungen, die in der Aura des Menschen gespeichert werden. Um dies zu verhindern, kann man Medikamente vor der Einnahme „energetisch entstören"!

Ohne Testen

1. Nimm alle 7 EKS No. 04 | Aniel zur Hand und lege damit einen Kreis.
2. Lege in die Mitte des Kreises das Medikament.
3. Lasse es 10 Minuten liegen, bevor es eingenommen wird.
4. Dieser Vorgang muss erst bei einer neuen Medikamenten-Packung wiederholt werden!

Unterstützende Engelessenzen:
Engel-Kombi-Essenz oder -Öl No. 04 | Aniel, Engel-Aura-Essenz „Energetische Reinigung"

Mit Testen

1. Teste, welche der EKS No. 04 | Aniel auf oder unter das Medikament gelegt werden sollen.
2. Teste, wie lange die Symbole liegen bleiben sollen.
3. Dieser Vorgang muss erst bei einer neuen Medikamenten-Packung wiederholt werden!

Unterstützende Engelessenzen:
Teste, mit welcher Engel-Aura-Essenz du die betreffende Person unterstützen kannst. Teste, ob sie vielleicht noch eine Engelessenz, eine Engel-Kombi-Essenz oder ein Engel-Kombi-Öl benötigt (Menge, Häufigkeit, Dauer austesten).

4.3 Kosmetika

Shampoos, Lotions, Zahnpasten etc. werden nicht immer aus natürlichen Grundsubstanzen gewonnen. Vielfach werden dafür Substanzen verwendet, die auf Mineralöl-Basis hergestellt werden. Um die energetische Qualität der Kosmetikprodukte zu verbessern, kannst du die Engelsymbole verwenden!

Ohne Testen

1. Nimm alle 7 EKS No. 04 | Aniel zur Hand und lege damit einen Kreis.
2. Lege in die Mitte des Kreises das Kosmetikprodukt.
3. Lasse es 10 Minuten liegen, bevor es verwendet wird.
4. Dieser Vorgang muss erst bei einer neuen Packung wiederholt werden!

Mit Testen

1. Teste, welche der EKS No. 04 | Aniel auf oder unter das Medikament gelegt werden sollen.
2. Teste, wie lange die Symbole liegen bleiben sollen.
3. Dieser Vorgang muss erst bei einer neuen Kosmetik-Packung wiederholt werden!

 Schutzkreis legen

 Engel-Kombi-Essenz oder -Öl No. 04
Engel-Aura-Essenz „Energetische Reinigung"

4.4 Nahrungs- mittel

Nahrungsmittel enthalten oftmals belastende Schwingungen, die in der Aura des Menschen gespeichert werden. Um dies zu verhindern, kann man Nahrungsmittel vor der Einnahme „energetisch entstören"!

Ohne Testen

1. Nimm alle 7 EKS No. 04 | Aniel zur Hand und lege damit einen Kreis.
2. Lege in die Mitte des Kreises die Nahrungsmittel.
3. Lasse sie 10 Minuten liegen, bevor sie weiterverarbeitet werden.

Mit Testen

1. Teste, welche der EKS No. 04 | Aniel auf oder unter die Nahrungsmittel gelegt werden sollen.
2. Teste, wie lange die Symbole liegen bleiben sollen.

4.5 Tierfutter

Futter enthält oftmals belastende Schwingungen, die in der Aura des Tieres gespeichert werden. Um dies zu verhindern, kann man Futter vor dem Fressen „energetisch entstören"!

Ohne Testen

1. Nimm alle 7 EKS No. 04 | Aniel zur Hand und lege damit einen Kreis.
2. Stelle in die Mitte des Kreises die Futterschüssel.
3. Lasse sie 1 Minuten dort stehen, bevor das Futter gefressen wird.

Mit Testen

1. Teste, welche der EKS No. 04 | Aniel auf oder unter die Futterschüssel gelegt werden sollen.
2. Teste, wie lange die Symbole liegen bleiben sollen.

 Schutzkreis legen

4.6 Impfstoffe

Impfstoff ist verfügbar

Ohne Testen

1. Nimm alle 7 EKS No. 04 | Aniel zur Hand und lege damit einen Kreis.
2. Lege in die Mitte des Kreises den Impfstoff.
3. Lasse ihn 10 Minuten liegen, bevor er verwendet wird.

Unterstützende Engelessenzen:
Engel-Kombi-Essenz oder -Öl No. 04 | Aniel, Engel-Aura-Essenz „Energetische Reinigung"

Mit Testen

1. Teste, welche der EKS No. 04 | Aniel auf oder unter den Impfstoff gelegt werden sollen.
2. Teste, wie lange die Symbole liegen bleiben sollen.

Unterstützende Engelessenzen:
Teste, mit welcher Engel-Aura-Essenz du die betreffende Person unterstützen kannst. Teste, ob sie vielleicht noch eine Engelessenz, eine Engel-Kombi-Essenz oder ein Engel-Kombi-Öl benötigt (Menge, Häufigkeit, Dauer austesten).

Impfstoff ist nicht verfügbar

Ohne Testen

1. Nimm alle 7 EKS No. 04 | Aniel zur Hand und lege damit einen Kreis.
2. Lege in die Mitte des Kreises ein Foto oder einen Namenszettel.
3. Lasse alles 3 Wochen ab der Impfung liegen.

Unterstützende Engelessenzen:
Engel-Kombi-Essenz oder -Öl No. 04 | Aniel, Engel-Aura-Essenz „Energetische Reinigung"

Mit Testen

1. Teste, welche der EKS No. 04 | Aniel auf oder um ein Foto oder einen Namenszettel gelegt werden sollen.
2. Teste, wie lange die Symbole liegen bleiben sollen.

Unterstützende Engelessenzen:
Teste, mit welcher Engel-Aura-Essenz du die betreffende Person unterstützen kannst. Teste, ob sie vielleicht noch eine Engelessenz, eine Engel-Kombi-Essenz oder ein Engel-Kombi-Öl benötigt (Menge, Häufigkeit, Dauer austesten).

Schutzkreis legen

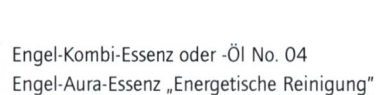
Engel-Kombi-Essenz oder -Öl No. 04
Engel-Aura-Essenz „Energetische Reinigung"

4.7 Lymph-drainage unter-stützen

Eine Lymphdrainage-Behandlung kann durch die feinstofflich entgiftende Wirkung der Engelsymbole intensiviert werden.

Ohne Testen

1. Nimm alle 7 EKS No. 04 | Aniel zur Hand und lege sie während der Behandlung zwischen Körper und Behandlungstisch (am besten unter ein Tuch).
2. Lasse sie während der Behandlung liegen.

Unterstützende Engelessenzen:
Engel-Kombi-Essenz oder -Öl No. 04 | Aniel, Engel-Aura-Essenz „Energetische Reinigung"

Mit Testen

1. Teste, welche der EKS No. 04 | Aniel während der Behandlung zwischen Körper und Behandlungstisch (am besten unter ein Tuch) gelegt werden sollen.
2. Teste, wie lange die Symbole liegen bleiben sollen.

Unterstützende Engelessenzen:
Teste, mit welcher Engel-Aura-Essenz du die betreffende Person unterstützen kannst. Teste, ob sie vielleicht noch eine Engelessenz, eine Engel-Kombi-Essenz oder ein Engel-Kombi-Öl benötigt (Menge, Häufigkeit, Dauer austesten).

4.8 Narkose-rückstände

Narkosemittel bleiben jahre- oder jahrzehnte-lang in der Aura als Rückstand abgespeichert.

Ohne Testen

1. Nimm alle 7 EKS No. 04 | Aniel zur Hand und lege sie während der Nacht unter deinen Körper (am besten unter ein Tuch).
2. Einige Wochen lang wiederholen.

Unterstützende Engelessenzen:
Engel-Kombi-Essenz oder -Öl No. 32 | Sorihael, Engel-Aura-Essenz „Energetische Reinigung"

Mit Testen

1. Teste, welche der EKS No. 04 | Aniel während der Nacht unter deinen Körper (am besten unter ein Tuch) gelegt werden sollen.
2. Teste, über welchen Zeitraum dieser Vorgang wiederholt werden soll.

Unterstützende Engelessenzen:
Teste, mit welcher Engel-Aura-Essenz du die betreffende Person unterstützen kannst. Teste, ob sie vielleicht noch eine Engelessenz, eine Engel-Kombi-Essenz oder ein Engel-Kombi-Öl benötigt (Menge, Häufigkeit, Dauer austesten).

Engel-Kombi-Essenz oder -Öl No. 04
Engel-Aura-Essenz „Energetische Reinigung"
Engel-Kombi-Essenz oder -Öl No. 32

4.9 Nach Ultraschall und sonstigen technischen Untersuchungen

Untersuchungen mit technischen Geräten wie Ultraschall, CTG etc. lassen über viele Jahre noch Spuren im feinstofflichen Körper zurück, die sich von selbst nicht auflösen.

Ohne Testen

1. Nimm alle 7 EKS No. 04 | Aniel zur Hand und lege sie während der Nacht unter deinen Körper (am besten unter ein Tuch).
2. Einige Wochen lang wiederholen.

Unterstützende Engelessenzen:
Engel-Kombi-Essenz oder -Öl No. 04 | Aniel, Engel-Aura-Essenz „Strahlungsschutz"

Mit Testen

1. Teste, welche der EKS No. 04 | Aniel während der Nacht unter deinen Körper (am besten unter ein Tuch) gelegt werden sollen.
2. Teste, über welchen Zeitraum dieser Vorgang wiederholt werden soll.

Unterstützende Engelessenzen:
Teste, mit welcher Engel-Aura-Essenz du die betreffende Person unterstützen kannst. Teste, ob sie vielleicht noch eine Engelessenz, eine Engel-Kombi-Essenz oder ein Engel-Kombi-Öl benötigt (Menge, Häufigkeit, Dauer austesten).

4.10 Übersäuerung

Durch ungesunde Ernährung, aber auch durch belastende Emotionen kommt es im physischen Körper oft zu Übersäuerung. Mit einer Nahrungsumstellung, dem Aufarbeiten von Situationen, die uns das Leben „versauern", sowie mit energetischer Hilfe aus der Engelwelt kann man dem Problem zu Leibe rücken.

Ohne Testen

1. Nimm alle 7 EKS No. 04 | Aniel zur Hand und lege sie während der Nacht unter deinen Körper (am besten unter ein Tuch).
2. Einige Wochen lang wiederholen.

Unterstützende Engelessenzen:
Engel-Kombi-Essenz oder -Öl No. 04 | Aniel, Engel-Aura-Essenz „Energetische Reinigung"

Mit Testen

1. Teste, welche der EKS No. 04 | Aniel während der Nacht unter deinen Körper (am besten unter ein Tuch) gelegt werden sollen.
2. Teste, über welchen Zeitraum dieser Vorgang wiederholt werden soll.

Unterstützende Engelessenzen:
Teste, mit welcher Engel-Aura-Essenz du die betreffende Person unterstützen kannst. Teste, ob sie vielleicht noch eine Engelessenz, eine Engel-Kombi-Essenz oder ein Engel-Kombi-Öl benötigt (Menge, Häufigkeit, Dauer austesten).

Engel-Kombi-Essenz oder -Öl No. 04
Engel-Aura-Essenz „Strahlungsschutz"
Engel-Aura-Essenz „Energetische Reinigung"

4.11 „Engel-Geldwäsche"

Geld geht bekanntlich durch viele Hände – und wird nicht immer für positive Zwecke verwendet. All diese möglicherweise belastenden, negativen Energien sind im Geld gespeichert.

Tu' etwas Gutes für die Menschheit und reinige dein Geld von Zeit zu Zeit, bevor du es wieder weiter gibst!

Ohne Testen

1. Nimm alle 7 EKS No. 04 | Aniel zur Hand und lege damit einen Kreis.
2. Lege in die Mitte des Kreises deine Geldbörse und lasse sie über Nacht dort liegen.

Unterstützende Engelessenz:
Engel-Aura-Essenz
„Energetische Reinigung"

Mit Testen

1. Teste, welche der EKS No. 04 | Aniel auf oder unter deine Geldbörse gelegt werden sollen.
2. Teste, wie lange die Symbole liegen bleiben sollen.

Unterstützende Engelessenzen:
Engel-Aura-Essenz
„Energetische Reinigung"

 Schutzkreis legen

 Engel-Aura-Essenz „Energetische Reinigung"

Engel-Kombi-Symbole
No. 07 Carmiel

Sieben Symbole

und

Engel-Kombi-Symbole
No. 11 Lunael

Sieben Symbole

7.1 Immunsystem stärken

Mit Hilfe der Symbole No. 07 | Carmiel und No. 11 | Lunael kann der feinstoffliche Körper bei Belastungen durch Viren, Bakterien oder sonstigen biochemischen Stoffen energetisch gestärkt werden.

Ohne Testen

1. Nimm alle 7 EKS No. 07 | Carmiel und alle 7 ETS No. 11 | Lunael zur Hand und lege damit zwei Kreise ineinander.
2. Lege in die Mitte dieses doppelten Kreises ein Foto oder einen Namenszettel. Du kannst auch das Foto / den Namenszettel mehrerer Menschen oder Menschengruppen in den Kreis hineinlegen, beispielsweise deine Familie oder deine Schulklasse.
3. Lasse alles liegen, bis sich das körperliche Problem gebessert hat. In Zeiten von Grippewellen oder Virusinfektionen präventiv einige Wochen liegen lassen.

Unterstützende Engelessenzen:
Engel-Kombi-Essenz oder -Öl No. 07 | Carmiel und / oder No. 11 | Lunael
Engel-Aura-Essenz „Erzengel Raphael"

Mit Testen

1. Teste, welche der EKS No. 07 | Carmiel und No. 11 | Lunael auf oder um ein Foto oder einen Namenszettel gelegt werden sollen.
2. Teste, wie lange die Symbole liegen bleiben sollen.

Unterstützende Engelessenzen:
Teste, mit welcher Engel-Aura-Essenz du die betreffende Person unterstützen kannst. Teste, ob sie vielleicht noch eine Engelessenz, eine Engel-Kombi-Essenz oder ein Engel-Kombi-Öl benötigt (Menge, Häufigkeit, Dauer austesten).

Schutzkreis legen

Engel-Kombi-Essenz oder -Öl No. 07
Engel-Kombi-Essenz oder -Ö No. 11
Engel-Aura-Essenz „Erzengel Raphael"

7.1 Immunsystem stärken

Die einen schlafen im Heu, um gesund zu werden, andere auf ihren Engelsymbolen! Eine einfache, ungewöhnliche Methode und dennoch sehr wirkungsvoll!

Ohne Testen

1. Nimm alle 7 EKS No. 07 | Carmiel und alle 7 EKS No. 11 | Lunael zur Hand und lege damit einen Kreis in deinem Bett unter das Leintuch / Bettlaken.
2. Ich wünsche dir einen gesunden und erholsamen Schlaf! (Über einige Tage oder Wochen hindurch durchführen).

Unterstützende Engelessenzen:
Engel-Kombi-Essenz oder -Öl No. 07 | Carmiel und / oder No. 11 | Lunael
Engel-Aura-Essenz „Erzengel Raphael"

Mit Testen

1. Teste, welche und wie viele der 7 EKS No. 07 | Carmiel und 7 EKS No. 11 | Lunael du unter ein Leintuch / Bettlaken legen sollst.
2. Teste, über welchen Zeitraum sie benötigt werden.
3. Ich wünsche einen gesunden und erholsamen Schlaf!

Unterstützende Engelessenzen:
Teste, mit welcher Engel-Aura-Essenz du die betreffende Person unterstützen kannst.
Teste, ob vielleicht noch eine Engelessenz, eine Engel-Kombi-Essenz oder ein Engel-Kombi-Öl benötigt wird (Menge, Häufigkeit, Dauer austesten).

7.2 Engel-Wasser

Mit den Engel-Kombi-Symbolen kannst du dir helfen, wenn du keine entsprechenden Engel-Kombi-Essenzen zur Hand hast, um Wasser zu energetisieren. Dieses Wasser kannst du zum Trinken, Kochen, Baden oder für Wickel, Umschläge etc. verwenden. Ein paar Tropfen von diesem Wasser in der Duftlampe bringen Engel-Energien in den Raum.

Ohne Testen

1. Nimm alle 7 EKS No. 07 | Carmiel und alle 7 EKS No. 11 | Lunael zur Hand und lege damit zwei Kreise ineinander.
2. Stelle in die Mitte des Kreises einen Krug mit Wasser und lasse ihn 1 Minute stehen, bevor du das Wasser verwendest.

Noch intensiver ist jedoch die Wirkung von:

Engel-Kombi-Essenz oder -Öl No. 07 | Carmiel und / oder No. 11 | Lunael
Engel-Aura-Essenz „Erzengel Raphael"

Mit Testen

1. Teste, welche der EKS No. 07 | Carmiel und EKS No. 11 | Lunael unter oder um einen Krug mit Wasser gelegt werden sollen.
2. Teste, wie lange die Symbole liegen bleiben sollen, bevor das Wasser weiterverwendet wird.

Unterstützende Engelessenzen:
Teste, mit welcher Engel-Aura-Essenz du die betreffende Person unterstützen kannst.
Teste, ob sie vielleicht noch eine Engelessenz, eine Engel-Kombi-Essenz oder ein Engel-Kombi-Öl benötigt (Menge, Häufigkeit, Dauer austesten).

Schutzkreis legen

Engel-Kombi-Essenz oder -Öl No. 07
Engel-Kombi-Essenz oder -Ö No. 11
Engel-Aura-Essenz „Erzengel Raphael"

Engel-Kombi-Symbole
No. 10 – Nithael

Sieben Symbole

WICHTIG:

Allergien und Unverträglichkeiten haben in den allermeisten

Fällen mit seelischen Belastungen, aber auch mit (unbewusster)

ABNEIGUNG gegen jemanden oder etwas zu tun.

10.1 Nahrungs- unverträglichkeit

Energetische Unter- stützung bei Nahrungs- unverträglichkeiten.

Ohne Testen

1. Nimm alle 7 EKS No. 10 | Nithael zur Hand und lege damit einen Kreis.
2. Wähle intuitiv oder mit geschlossenen Augen ein Symbol aus.
3. Verpacke die Erdbeere in eine Frischhaltefolie, Alufolie oder in ein kleines verschließbares Plastiksäckchen. Achte darauf, dass kein Fruchtsaft aus- läuft.
4. Nimm einen Haftstreifen (Leukofix, Leukosilk etc.) zur Hand und klebe die verpackte Erdbeere und das Symbol eine Handbreit über deinen Nabel.
5. Mindestens 5 Stunden kleben lassen – am besten vor dem Schlafengehen.
6. Mindestens 10 Tage lang wiederholen. Während dieser Zeit keine Erdbeeren essen!!!
7. Danach kannst du vorsichtig testen, ob die Allergie energetisch "entschärft" ist (eventuell Allergen in Armbeuge testen).

Unterstützende Engelessenzen –
sehr wichtig:
Engel-Kombi-Essenz oder -Öl No. 10 | Nithael, Engel-Aura-Essenz „Erzengel Raphael"

Diese Essenzen vor und noch einige Zeit nach der Allergie-Arbeit anwenden!

Mit Testen

1. Teste, welche der 7 EKS No. 10 | Nithael du benötigst.
2. Verpacke die Erdbeere in eine Frischhaltefolie, Alufolie oder in ein kleines verschließbares Plastiksäckchen. Achte darauf, dass kein Fruchtsaft ausläuft.
3. Nimm einen Haftstreifen (Leukofix, Leukosilk etc.) zur Hand und klebe die verpackte Erdbeere und das Symbol / die Symbole eine Handbreit über den Nabel.
4. Teste, wie lange die Symbole kleben bleiben sollen.
5. Teste, wie oft dieser Vorgang wiederholt werden muss und wie lange keine Erdbeeren gegessen werden dürfen.

Unterstützende Engelessenzen:
Teste, mit welcher Engel-Aura-Essenz du die betreffende Person unterstützen kannst. Teste, ob sie vielleicht noch eine Engelessenz, eine Engel-Kombi-Essenz oder ein Engel- Kombi-Öl benötigt (Menge, Häufigkeit, Dauer austesten).

Schutzkreis legen

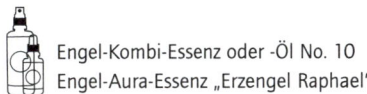
Engel-Kombi-Essenz oder -Öl No. 10
Engel-Aura-Essenz „Erzengel Raphael"

10.2 Medikamenten-Unverträglichkeit

Energetische Unterstützung bei Medikamenten-Unverträglichkeit.

Zuvor jedoch immer den Punkt 4.2 – "Medikamente entstören" durchführen!

Ohne Testen

1. Nimm alle 7 EKS No. 10 | Nithael zur Hand und lege damit einen Kreis.
2. Lege in die Mitte des Kreises das Medikament.
3. Lasse es 10 Minuten liegen, bevor es eingenommen wird.
4. Dieser Vorgang muss erst bei einer neuen Medikamenten-Packung wiederholt werden!

Unterstützende Engelessenzen:

Engel-Kombi-Essenz oder -Öl No. 04 | Aniel, Engel-Aura-Essenz „Energetische Reinigung"

Mit Testen

1. Teste, welche der EKS No. 10 | Nithael auf oder unter das Medikament gelegt werden sollen.
2. Teste, wie lange die Symbole liegen bleiben sollen.
3. Dieser Vorgang muss erst bei einer neuen Medikamenten-Packung wiederholt werden!

Unterstützende Engelessenzen:

Teste, mit welcher Engel-Aura-Essenz du die betreffende Person unterstützen kannst. Teste, ob sie vielleicht noch eine Engelessenz, eine Engel-Kombi-Essenz oder ein Engel-Kombi-Öl benötigt (Menge, Häufigkeit, Dauer austesten).

 Schutzkreis legen

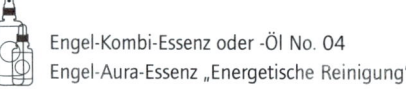 Engel-Kombi-Essenz oder -Öl No. 04
Engel-Aura-Essenz „Energetische Reinigung"

10.3 Personen-„Allergien"

Nicht nur auf Nahrungsmittel, Pollen, Waschpulver etc. können wir „allergisch" reagieren, sondern oft auch auf Personen. Diese Personen erinnern uns unbewusst an jemanden, mit dem wir ein Problem hatten, oder wir fühlen uns von dieser Person abgelehnt.

Ohne Testen

1. Nimm alle 7 EKS No. 10 | Nithael zur Hand und lege damit einen Kreis.
2. Lege in die Mitte des Kreises ein Foto oder einen Namenszettel von dir und der Person, auf die du „allergisch" oder mit Ablehnung reagierst.
3. Lasse alles liegen, bis sich das Problem gebessert oder sich die Situation entspannt hat.

Unterstützende Engelessenzen:

Engel-Kombi-Essenz oder -Öl No. 10 | Nithael, Engel-Aura-Essenz „Erzengel Chamuel"

Mit Testen

1. Teste, welche der EKS No. 10 | Nithael auf oder um ein Foto oder einen Namenszettel von dir und der Person, auf die du „allergisch" oder mit Ablehnung reagierst, gelegt werden sollen.
2. Teste, wie lange die Symbole liegen bleiben sollen.

Unterstützende Engelessenzen:

Teste, mit welcher Engel-Aura-Essenz du die betreffende Person unterstützen kannst. Teste, ob sie vielleicht noch eine Engelessenz, eine Engel-Kombi-Essenz oder ein Engel-Kombi-Öl benötigt (Menge, Häufigkeit, Dauer austesten).

 Schutzkreis legen

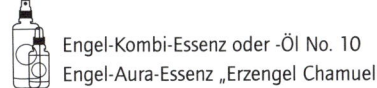 Engel-Kombi-Essenz oder -Öl No. 10
Engel-Aura-Essenz „Erzengel Chamuel"

Engel-Kombi-Symbole
No. 12 – Haziel

Fünfzehn Symbole

12.1 Chakren reinigen – aufladen – vereinigen – versiegeln

Chakren sind Energiepforten im feinstofflichen Körper. Sie nehmen Lebensenergie auf und leiten diese zu Organen und wichtigen Körperdrüsen weiter. Genauso wie unser grobstofflicher Körper müssen diese Energiepforten immer wieder gereinigt werden. Du kannst mit Hilfe der Engel-Kombi-Symbole die Chakren gleichzeitig reinigen, aufladen, versiegeln und vereinigen!

Ohne Testen

1. Nimm alle 15 EKS No. 12 | Haziel zur Hand und lege sie mit der beschrifteten Seite nach oben.
2. Wähle intuitiv 7 Symbole aus und mache es dir bequem.
3. Entspanne dich und komme zur Ruhe. Vielleicht möchtest du dabei Meditationsmusik hören.
4. Lege intuitiv alle 7 Symbole gleichzeitig auf deine 7 Hauptchakren.
5. Lasse die Symbole etwa 30 Minuten liegen, während du dich entspannst.

Unterstützende Engelessenzen:
Engel-Kombi-Essenz oder -Öl No. 12 | Haziel, Engel-Aura-Essenz „Engelmeditation"

Engel-Kombi-Essenz oder -Öl No. 12
Engel-Aura-Essenz „Engelmeditation"

Mit Testen

1. Teste, welche und wie viele der 15 EKS No. 12 | Haziel du zur Reinigung deiner Chakren benötigst.
2. Teste, auf welchen Chakren und wie lange die Symbole liegen sollen.
3. Mache es dir bequem und lege die Symbole auf.
4. Entspanne dich und komme zur Ruhe. Vielleicht möchtest du dabei Meditationsmusik hören.

Unterstützende Engelessenzen:
Teste, mit welcher Engel-Aura-Essenz du die Chakrenreinigung unterstützen kannst.
Teste, ob vielleicht noch eine Engelessenz, eine Engel-Kombi-Essenz oder ein Engel-Kombi-Öl benötigt wird. (Menge, Häufigkeit, Dauer austesten).

Vierzehn Symbole

13.1 Meridiansystem stärken – Meridianausgleich

Meridiane sind Energie-Leitbahnen im Körper, die die Organe mit Energie versorgen. Ist ein Meridian blockiert, ist auch die Energiezufuhr zum entsprechenden Organ unterbrochen, was körperliche Auswirkungen zeigen kann.

Ohne Testen

1. Nimm alle 14 EKS No. 13 | Hazel zur Hand und lege damit einen Kreis in deinem Bett unter das Leintuch / Bettlaken.
2. Ich wünsche dir einen gesunden und erholsamen Schlaf! (Über einige Tage oder Wochen hindurch durchführen).

Unterstützende Engelessenzen:
Engel-Kombi-Essenz oder -Öl
No. 13 | Haziel, Engel-Aura-Essenz
„Engelmeditation"

Mit Testen

1. Teste, welche und wie viele der EKS No. 13 | Hazel du unter ein Leintuch / Bettlaken legen sollst.
2. Teste, über welchen Zeitraum sie benötigt werden.
3. Ich wünsche dir einen gesunden und erholsamen Schlaf!

Unterstützende Engelessenzen:
Teste, mit welcher Engel-Aura-Essenz du die betreffende Person unterstützen kannst. Teste, ob vielleicht noch eine Engelessenz, eine Engel-Kombi-Essenz oder ein Engel-Kombi-Öl benötigt wird (Menge, Häufigkeit, Dauer austesten).

Schutzkreis legen

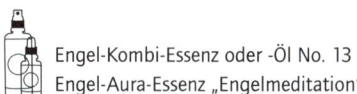

Engel-Kombi-Essenz oder -Öl No. 13
Engel-Aura-Essenz „Engelmeditation"

Engel-Kombi-Symbole No. 14 – Corael

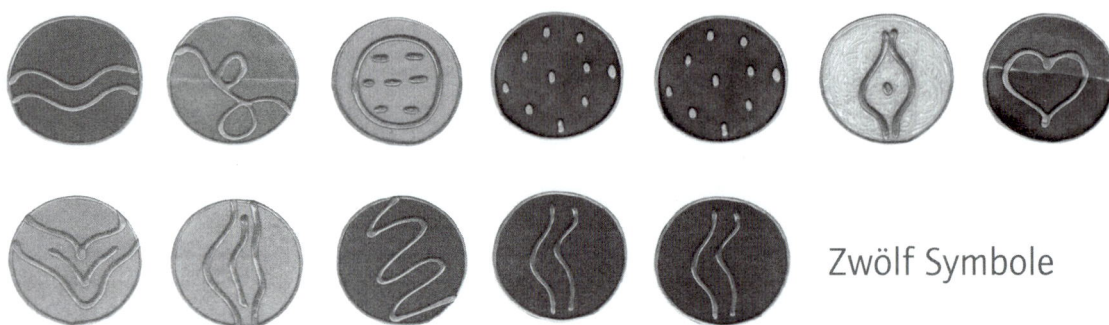

Zwölf Symbole

und

Engel-Kombi-Symbole No. 38 - Luciel

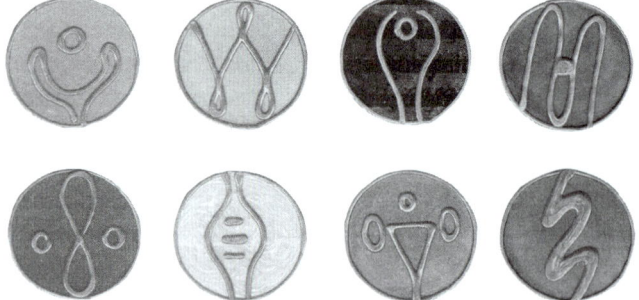

Acht Symbole

14.1 Ein Organ energetisch stärken

Ist ein Organ geschwächt oder krank, ist es ratsam, neben einer medizinischen Behandlung auch eine energetische Stärkung durchzuführen.

Ohne Testen

1. Nimm alle 12 EKS No. 14 | Corael und alle 8 EKS No. 38 | Luciel zur Hand und lege sie mit der beschrifteten Seite nach oben. Die Symbole sind genau gekennzeichnet, z. B. Lunge, Leber etc.
2. Suche nun jenes Organsymbol heraus, das du benötigst.
3. Lege oder klebe das Symbol auf die betreffende Körperstelle. Dabei ist es nicht wichtig, das Symbol punktgenau aufzulegen.
4. Trage nun das Symbol auf deinem Körper – am besten während des Schlafes, mindestens jedoch acht Stunden lang. Einige Tage oder sogar Wochen lang anwenden.

Unterstützende Engelessenzen:
Engel-Kombi-Öl No. 14 | Corael
Engel-Kombi-Öl No. 38 | Luciel,
Engel-Aura-Essenz „Erzengel Raphael"

Mit Testen

1. Nimm alle 12 EKS No. 14 | Corael und alle 8 EKS No. 38 | Luciel zur Hand und lege sie mit der beschrifteten Seite nach oben. Die Symbole sind genau gekennzeichnet, z. B. Lunge, Leber etc.
2. Suche nun jenes Organsymbol heraus, das du benötigst.
3. Lege oder klebe das Symbol auf die betreffende Körperstelle. Dabei ist es nicht wichtig, das Symbol punktgenau aufzulegen.
4. Teste, wie lange pro Tag und über welchen Zeitraum das Symbol getragen werden soll.

Unterstützende Engelessenzen:
Teste, mit welcher Engel-Aura-Essenz du die betreffende Person unterstützen kannst.
Teste, ob vielleicht noch eine Engelessenz, eine Engel-Kombi-Essenz oder ein Engel-Kombi-Öl benötigt wird (Menge, Häufigkeit, Dauer austesten).

14.2 Alle Organe vorbeugend energetisch stärken

Schutzkreis legen

Ohne Testen

1. Nimm alle 12 EKS No. 14 | Corael und alle 8 EKS No. 38 | Luciel zur Hand und lege damit zwei Kreise ineinander.
2. Lege in die Mitte dieses doppelten Kreises ein Foto oder einen Namenszettel.
3. Lasse alles mindestens fünf Stunden liegen. Von Zeit zu Zeit wiederholen.

Unterstützende Engelessenzen:
Engel-Kombi-Öl No. 14 | Corael
Engel-Kombi-Öl No. 38 | Luciel,
Engel-Aura-Essenz „Erzengel Raphael"

Mit Testen

1. Teste, welche der 12 EKS No. 14 | Corael und der 8 EKS No. 38 | Luciel auf oder um ein Foto oder einen Namenszettel gelegt werden sollen.
2. Teste, wie lange die Symbole liegen bleiben sollen.

Unterstützende Engelessenzen:
Teste, mit welcher Engel-Aura-Essenz du die betreffende Person unterstützen kannst.
Teste, ob sie vielleicht noch eine Engelessenz, eine Engel-Kombi-Essenz oder ein Engel-Kombi-Öl benötigt (Menge, Häufigkeit, Dauer austesten).

Engel-Kombi-Öl No. 14
Engel-Kombi-Öl No. 38
Engel-Aura-Essenz „Erzengel Raphael"

14.3 Nahrung energetisieren

Eine weitere Möglichkeit, ein geschwächtes oder erkranktes Organ energetisch zu stärken, ist die Energetisierung von Nahrungsmitteln.

Ohne Testen

1. Nimm alle 12 EKS No. 14 | Corael und alle 8 EKS No. 38 | Luciel zur Hand und lege sie mit der beschrifteten Seite nach oben. Die Symbole sind genau gekennzeichnet, z. B. Lunge, Leber etc.
2. Suche nun jenes Organsymbol heraus, das du benötigst.
3. Stelle jetzt die fertig zubereitete Speise für ca. 1 Minute auf das Symbol. – Guten Appetit!

Unterstützende Engelessenzen:
Engel-Kombi-Öl No. 14 | Corael
Engel-Kombi-Öl No. 38 | Luciel,
Engel-Aura-Essenz „Erzengel Raphael"

Mit Testen
Siehe linke Spalte.

Unterstützende Engelessenzen:
Teste, mit welcher Engel-Aura-Essenz du die betreffende Person unterstützen kannst.

Teste, ob sie vielleicht noch eine Engelessenz, eine Engel-Kombi-Essenz oder ein Engel-Kombi-Öl benötigt (Menge, Häufigkeit, Dauer austesten).

Engel-Kombi-Öl No. 14
Engel-Kombi-Öl No. 38
Engel-Aura-Essenz „Erzengel Raphael"

Sieben Symbole

22.1 Frühstück für *große* Angsthasen

Ängstliche Menschen kann man unterstützen, indem man ihnen hilfreiche Engelenergien bereits mit dem Frühstück „einflößt".

Ohne Testen

1. Nimm alle 7 EKS No. 22 | Doriel zur Hand und lege damit einen Kreis.
2. Stelle in die Mitte des Kreises die Speisen und Getränke, die der gestresste oder nervöse Mensch zu sich nehmen wird.
3. Lasse die Speisen 1 Minute im Kreis stehen, bevor sie gegessen werden.

Unterstützende Engelessenzen:
Engel-Kombi-Essenz oder -Öl
No. 22 | Doriel,
Engel-Aura-Essenz „Erzengel Jophiel"

Mit Testen

1. Teste, welche der Therapie-Symbole EKS No. 22 | Doriel unter die Speise gelegt werden sollen.
2. Teste, wie lange die Symbole liegen bleiben sollen.

Unterstützende Engelessenzen:
Teste, mit welcher Engel-Aura-Essenz du die kranke Person unterstützen kannst.

Teste, ob sie vielleicht noch eine Engelessenz, eine Engel-Kombi-Essenz oder ein Engel-Kombi-Öl benötigt (Menge, Häufigkeit, Dauer austesten).

 Schutzkreis legen

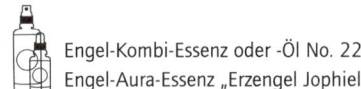 Engel-Kombi-Essenz oder -Öl No. 22
Engel-Aura-Essenz „Erzengel Jophiel"

22.2 Schulängste – im Schutzkreis schlafen

Ohne Testen

1. Nimm alle 7 EKS No. 22 | Doriel zur Hand und lege damit einen Kreis unter das Leintuch / Bettlaken des Kindes.
2. Einen gesunden und erholsamen Schlaf wünsche ich! (Über einige Tage oder Wochen durchführen.)

Unterstützende Engelessenzen:
Engel-Kombi-Essenz oder -Öl No. 22 | Doriel, Engel-Aura-Essenz „Erzengel Jophiel"

Mit Testen

1. Teste, welche und wie viele der EKS No. 22 | Doriel du unter das Leintuch / Bettlaken des Kindes legen sollst.
2. Teste, über welchen Zeitraum sie benötigt werden.
3. Einen gesunden und erholsamen Schlaf wünsche ich!

Unterstützende Engelessenzen:
Teste, mit welcher Engel-Aura-Essenz du die betreffende Person unterstützen kannst. Teste, ob vielleicht noch eine Engelessenz, eine Engel-Kombi-Essenz oder ein Engel-Kombi-Öl benötigt wird (Menge, Häufigkeit, Dauer austesten).

22.3 Angst-Schutzkreis legen

wie Pkt. 22.2

Ohne Testen

1. Nimm alle 7 EKS No. 22 | Doriel zur Hand und lege damit einen Kreis.
2. Lege in die Mitte des Kreises ein Foto oder einen Namenszettel.
3. Lasse alles liegen, bis sich das Problem gebessert hat.

Unterstützende Engelessenzen:
Engel-Kombi-Essenz oder -Öl No. 22 | Doriel, Engel-Aura-Essenz „Erzengel Jophiel"

Mit Testen

1. Teste, welche der EKS No. 22 | Doriel auf oder um ein Foto oder einen Namenszettel gelegt werden sollen.
2. Teste, wie lange die Symbole liegen bleiben sollen.

Unterstützende Engelessenzen:
Teste, mit welcher Engel-Aura-Essenz du die betreffende Person unterstützen kannst. Teste, ob sie vielleicht noch eine Engelessenz, eine Engel-Kombi-Essenz oder ein Engel-Kombi-Öl benötigt (Menge, Häufigkeit, Dauer austesten).

 Schutzkreis legen

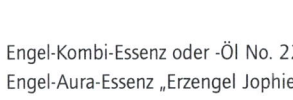 Engel-Kombi-Essenz oder -Öl No. 22
Engel-Aura-Essenz „Erzengel Jophiel"

Sieben Symbole

24.1 Körper energetisch reinigen

Das Umfeld, das uns Tag für Tag umgibt, ist nicht immer „clean". Emotionen, anhaftende Seelen, Elementale etc. können uns und unsere Aura stark belasten. So wie Körperhygiene sollte Aura-Hygiene daher selbstverständlich sein!

Ohne Testen

1. Nimm alle 7 EKS No. 24 | Sorael zur Hand und lege damit einen Kreis.
2. Lege in die Mitte des Kreises ein Foto oder einen Namenszettel.
3. Lasse alles 10 Wochen lang liegen. (Diese Methode ist sehr zeitaufwändig – einfacher und schneller erreicht man dieselbe Wirkung mit der Engel-Aura-Essenz „Energetische Reinigung", in hartnäckigen Fällen in Kombination mit Kombi-Essenz oder Kombi-Öl No. 24).

Unterstützende Engelessenzen:
Engel-Kombi-Essenz oder -Öl No. 24 | Sorael, Engel-Aura-Essenz „Energetische Reinigung"

Mit Testen

1. Teste, welche der EKS No. 24 | Sorael auf oder um ein Foto oder einen Namenszettel gelegt werden sollen.
2. Teste, wie lange die Symbole liegen bleiben sollen. (Diese Methode ist sehr zeitaufwändig – einfacher und schneller erreicht man dieselbe Wirkung mit der Engel-Aura-Essenz „Energetische Reinigung", in hartnäckigen Fällen in Kombination mit Kombi-Essenz oder Kombi-Öl No. 24).

Unterstützende Engelessenzen:
Teste, mit welcher Engel-Aura-Essenz du die kranke Person unterstützen kannst.

Teste, ob sie vielleicht noch eine Engelessenz, eine Engel-Kombi-Essenz oder ein Engel-Kombi-Öl benötigt (Menge, Häufigkeit, Dauer austesten).

Schutzkreis legen

Engel-Kombi-Essenz oder -Öl No. 24
Engel-Aura-Essenz „Energetische Reinigung"

24.2 Gegenstände energetisch reinigen

Gegenstände nehmen die Schwingungen und Energien ihres Umfeldes auf und speichern sie über Jahre oder sogar Jahrzehnte. Kleidung, Schmuckstücke, Möbel, Bilder, Spielsachen etc. sollte man daher unbedingt reinigen, wenn man sie von anderen geschenkt oder vererbt bekommt.

Ohne Testen

1. Nimm alle 7 EKS No. 24 | Sorael zur Hand und lege damit einen Kreis.
2. Lege in die Mitte des Kreises den zu reinigenden Gegenstand.
3. Lasse alles 2 Stunden lang liegen.

Unterstützende Engelessenz:

Schneller geht es mit der Engel-Aura-Essenz „Energetische Reinigung": einfach den Gegenstand einsprühen und er ist gereinigt.

Mit Testen

1. Teste, welche der EKS No. 24 | Sorael auf oder um den zu reinigenden Gegenstand gelegt werden sollen.
2. Teste, wie lange die Symbole liegen bleiben sollen.

Unterstützende Engelessenz:

Schneller geht es mit der Engel-Aura-Essenz „Energetische Reinigung": einfach den Gegenstand einsprühen und er ist gereinigt.

24.3 Räume energetisch reinigen

In Räumen, besonders im Mauerwerk und in alten Möbeln, bleiben belastende Energien über viele Jahre und Jahrzehnte gespeichert. Manche Menschen spüren diese Energien und leiden unter Unbehagen, Unwohlsein oder unruhigem Schlaf.

Ohne Testen

1. Nimm alle 7 EKS No. 24 | Sorael zur Hand und lege damit einen Kreis.
2. Lege in die Mitte des Kreises ein Foto oder eine Skizze von dem Raum, den du energetisch reinigen möchtest.
3. Lasse alles mindestens 5 Tage lang liegen.

Unterstützende Engelessenz:

Schneller geht es mit der Engel-Aura-Essenz „Energetische Reinigung": einfach den Raum aussprühen, eventuell einige Male wiederholen.

Mit Testen

1. Teste, welche der EKS No. 24 | Sorael benötigt werden.
2. Lege mit den Symbolen einen Kreis. In die Mitte des Kreises legst du ein Foto oder eine Skizze von dem Raum, den du energetisch reinigen möchtest.
3. Teste, wie lange die Symbole liegen bleiben sollen.

Unterstützende Engelessenz:

Schneller geht es mit der Engel-Aura-Essenz „Energetische Reinigung": einfach den Raum aussprühen! Teste, wie oft und in welchen Abständen der Vorgang wiederholt werden muss.

 Schutzkreis legen

 Engel-Aura-Essenz „Energetische Reinigung"

24.4 Gebäude energetisch reinigen

Wie einzelne Räume können auch ganze Gebäude und Grundstücke energetisch „verunreinigt" sein. Mit den Engelsymbolen und Engelessenzen kann Abhilfe geschaffen werden.

Ohne Testen
1. Nimm alle 7 EKS No. 24 | Sorael zur Hand und lege damit einen Kreis.
2. Lege in die Mitte des Kreises ein Foto oder eine Skizze von dem Gebäude samt Grundstück, das du energetisch reinigen möchtest.
3. Lasse alles mindestens 15 Tage lang liegen.

Unterstützende Engelessenzen:
Engel-Aura-Essenz „Energetische Reinigung" auf das Foto oder die Skizze stellen und mindestens 15 Tage lang stehen lassen. Danach das Gebäude aussprühen.

Mit Testen
1. Teste, welche der EKS No. 24 | Sorael benötigt werden.
2. Lege mit den Symbolen einen Kreis. In die Mitte des Kreises gibst du ein Foto oder eine Skizze von dem Gebäude samt Grundstück, das du energetisch reinigen möchtest.
3. Teste, wie lange die Symbole liegen bleiben sollen.

Unterstützende Engelessenzen:
Engel-Aura-Essenz „Energetische Reinigung" auf das Foto oder die Skizze stellen. Teste, wie lange du die Aura-Essenz stehen lassen sollst. Danach das Gebäude aussprühen. Teste, wie oft und in welchen Abständen der Vorgang wiederholt werden muss.

 Schutzkreis legen

 Engel-Aura-Essenz „Energetische Reinigung"

Engel-Kombi-Symbole
No. 25 – Cithael

Sieben Symbole

25.1 Großes Cutting mit Karma- und Fremdenergie-Symbolen

„Cutting" wird in Teil 1 dieses Buches bereits beschrieben. Diese Cutting-Art verwendest du, wenn du mit Fremdenergien, Belastungen und Emotionen von anderen Menschen, negativen Energien, Wünschen oder Flüchen konfrontiert bist.

Ohne Testen

1. Suche alle 7 EKS No. 25 | Cithael, alle 7 EKS No. 24 | Sorael und das weiß-goldene Symbol vom EKS No. 43 | Loriel heraus.
2. Lege alle Karten in Form einer aufgestellten „Acht" aus, wobei du in beiden Kreisen die Cithael-Symbole und die Sorael-Symbole abwechselnd und in die Schnittstelle das weiß-goldene Symbol vom EKS No. 43 legst.
3. Lege in den unteren Kreis der Acht ein Foto oder eine Zeichnung der Person, von der etwas weggenommen („gecuttet") werden soll.
4. Lege in den oberen Kreis ein Foto oder eine Zeichnung der Person, die „gecuttet" werden soll.
5. Lasse die Symbol-Acht mindestens 3 Wochen lang liegen.

Unterstützende Engelessenzen:
Engel-Aura-Essenz „Energetische Reinigung" und / oder „Erzengel Metatron".

Mit Testen

1. Teste, welche und wie viele Engel-Therapie-Symbole aus den EKS No. 25 | Cithael, EKS No. 24 | Sorael und den EKS No. 43 | Loriel für das Cutting benötigt werden.
2. Teste, in welcher Reihenfolge die Symbole als „Acht" gelegt werden sollen.
3. Teste, in welchen Kreis der Acht ein Foto oder eine Zeichnung der Person / des Gegenstandes, von der / dem etwas „gecuttet" werden soll, gelegt werden soll.
4. Lege nun in den anderen Kreis der Acht ein Foto oder eine Zeichnung der Person / des Gegenstandes, die / der „gecuttet" werden soll.
5. Teste, wie lange die Symbol-Acht liegen soll.
6. Teste, ob nach dieser Zeit eine weitere Acht nötig ist.

Unterstützende Engelessenzen:
Teste, mit welcher Engel-Aura-Essenz du die betreffende Person unterstützen kannst.

Teste, ob sie vielleicht noch eine Engelessenz, eine Engel-Kombi-Essenz oder ein Engel-Kombi-Öl benötigt (Menge, Häufigkeit, Dauer austesten).

Engel-Aura-Essenz „Energetische Reinigung"
Engel-Aura-Essenz „Erzengel Metatron"

25.2 Großes Cutting mit Karma- und Abgrenzungs-Symbolen

„Cutting" wird in Teil 1 dieses Buches bereits beschrieben. Diese Cutting-Art verwendest du, wenn du mit Menschen zu tun hast, die dich auslaugen, bedrängen, dir keinen Freiraum lassen oder dich überfordern.

Ohne Testen

1. Suche alle 7 EKS No. 25 | Cithael, alle 7 EKS No. 42 | Coruel und das weiß-goldene Symbol vom EKS No. 43 | Loriel heraus.
2. Lege alle Karten in Form einer aufgestellten „Acht" aus, wobei du in beiden Kreisen die Cithael-Symbole und die Coruel-Symbole abwechselnd und in die Schnittstelle das weiß-goldene Symbol vom EKS No. 43 legst.
3. Lege in den unteren Kreis der Acht ein Foto oder eine Zeichnung der Person, von der etwas weggenommen („gecuttet") werden soll.
4. Lege in den oberen Kreis ein Foto oder eine Zeichnung der Person, die „gecuttet" werden soll.
5. Lasse die Symbol-Acht mindestens 5 Wochen lang liegen.

Unterstützende Engelessenzen:
Engel-Aura-Essenz „Energetische Abgrenzung" und / oder „Erzengel Gabriel".

Mit Testen

1. Teste, welche und wie viele Engel--Therapie-Symbole aus den EKS No. 25 | Cithael, EKS No. 42 | Coruel und den EKS No. 43 | Loriel für das Cutting benötigt werden.
2. Teste, in welcher Reihenfolge die Symbole als „Acht" gelegt werden sollen.
3. Teste, in welchen Kreis der Acht ein Foto oder eine Zeichnung der Person / des Gegenstandes, von der / dem etwas „gecuttet" werden soll, gelegt werden soll.
4. Lege nun in den anderen Kreis der Acht ein Foto oder eine Zeichnung der Person / des Gegenstandes, die / der „gecuttet" werden soll.
5. Teste, wie lange die Symbol-Acht liegen soll.
6. Teste, ob nach dieser Zeit eine weitere Acht nötig ist.

Unterstützende Engelessenzen:
Teste, mit welcher Engel-Aura-Essenz du die betreffende Person unterstützen kannst.

Teste, ob sie vielleicht noch eine Engelessenz, eine Engel-Kombi-Essenz oder ein Engel-Kombi-Öl benötigt (Menge, Häufigkeit, Dauer austesten).

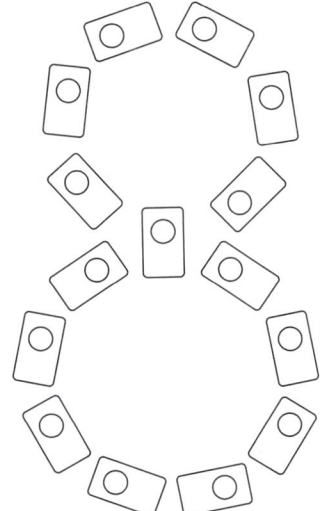

Engel-Aura-Essenz „Energetische Abgrenzung"
Engel-Aura-Essenz „Erzengel Gabriel"

25.3 Großes Cutting mit Karma- und Sterbebegleitungs-Symbolen

Mit Hilfe der Engel darfst du Gelübde (auch aus früheren Leben) auflösen, die dich heute blockieren oder emotional belasten. Es ist nicht nötig zu wissen, was du gelobt hast. Die Engel helfen dir dabei.

Ohne Testen

1. Suche alle 7 EKS No. 25 | Cithael, alle 7 EKS No. 59 | Ismael und das weiß-goldene Symbol vom EKS No. 43 | Loriel heraus.
2. Lege alle Karten in Form einer aufgestellten „Acht" aus, wobei du in beiden Kreisen die Cithael-Symbole und die Ismael-Symbole abwechselnd und in die Schnittstelle das weiß-goldene Symbol vom EKS No. 43 legst.
3. Lege in den unteren Kreis der Acht ein Foto oder einen Namenszettel der Person, die nicht loslassen kann.
4. Lege in den oberen Kreis ein Foto oder einen Namenszettel der Person, die festgehalten wird.
5. Lasse die Symbol-Acht mindestens 5 Wochen lang liegen.

Unterstützende Engelessenzen:
Engel-Aura-Essenz „Energetische Reinigung" und / oder „Erzengel Metatron"

Mit Testen

1. Teste, welche und wie viele Engel-Therapie-Symbole aus den EKS No. 25 | Cithael, EKS No. 59 | Ismael und den EKS No. 43 | Loriel für das Cutting benötigt werden.
2. Teste, in welcher Reihenfolge die Symbole als „Acht" gelegt werden sollen.
3. Teste, in welchen Kreis der Acht ein Foto oder ein Namenszettel der Person, die nicht loslassen kann, gelegt werden soll.
4. Lege nun in den anderen Kreis der Acht ein Foto oder einen Namenszettel der Person, die festgehalten wird.
5. Teste, wie lange die Symbol-Acht liegen soll.
6. Teste, ob nach dieser Zeit eine weitere Acht nötig ist.

Unterstützende Engelessenzen:
Teste, mit welcher Engel-Aura-Essenz du die betreffende Person unterstützen kannst. Teste, ob sie vielleicht noch eine Engelessenz, eine Engel-Kombi-Essenz oder ein Engel-Kombi-Öl benötigt (Menge, Häufigkeit, Dauer austesten).

Engel-Aura-Essenz „Energetische Reinigung"
Engel-Aura-Essenz „Erzengel Metatron"

Sieben Symbole

28.1 Im Heilkreis schlafen

Entzündungen im Körper sind meist ein Hinweis darauf, dass Überenergien im Körper und / oder in der Aura vorhanden sind. Das können unterdrückte, unausgelebte Emotionen, aber auch versteckte Aggressionen sein.

Ohne Testen

1. Nimm alle 7 EKS No. 28 | Cosiel zur Hand und lege damit einen Kreis in deinem Bett (unter dem Leintuch / Bettlaken).
2. Ich wünsche dir einen gesunden und erholsamen Schlaf! (Über einige Tage oder Wochen durchführen.)

Unterstützende Engelessenzen:
Engel-Kombi-Essenz oder -Öl No. 28 | Cosiel, Engel-Aura-Essenz „Engelmeditation"

Mit Testen

1. Teste, welche und wie viele der EKS No. 28 | Cosiel du in deinem Bett unter das Leintuch / Bettlaken legen sollst.
2. Teste, über welchen Zeitraum sie benötigt werden.
3. Ich wünsche einen gesunden und erholsamen Schlaf!

Unterstützende Engelessenzen:
Teste, mit welcher Engel-Aura-Essenz du die betreffende Person unterstützen kannst. Teste, ob vielleicht noch eine Engelessenz, eine Engel-Kombi-Essenz oder ein Engel-Kombi-Öl benötigt wird (Menge, Häufigkeit, Dauer austesten).

 Schutzkreis legen

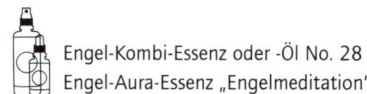 Engel-Kombi-Essenz oder -Öl No. 28
Engel-Aura-Essenz „Engelmeditation"

28.2 Heilkreis legen

wie Punkt 28.1

Ohne Testen

1. Nimm alle 7 EKS No. 28 | Cosiel zur Hand und lege damit einen Kreis.
2. Lege in die Mitte des Kreises ein Foto oder einen Namenszettel.
3. Lasse alles liegen, bis sich das körperliche Problem gebessert hat oder der Heilungsprozess abgeschlossen ist.

Unterstützende Engelessenzen:
Engel-Kombi-Essenz oder -Öl No. 28 | Cosiel, Engel-Aura-Essenz „Erzengel Raphael"

Mit Testen

1. Teste, welche der EKS No. 28 | Cosiel auf oder um ein Foto oder einen Namenszettel gelegt werden sollen.
2. Teste, wie lange die Symbole liegen bleiben sollen.

Unterstützende Engelessenzen:
Teste, mit welcher Engel-Aura-Essenz du die kranke Person unterstützen kannst.
Teste, ob sie vielleicht noch eine Engelessenz, eine Engel-Kombi-Essenz oder ein Engel-Kombi-Öl benötigt (Menge, Häufigkeit, Dauer austesten).

28.3 Am Körper auflegen

wie Punkt 28.1

Ohne Testen

1. Nimm alle 7 EKS No. 28 | Cosiel zur Hand und mache es dir bequem.
2. Entspanne dich und komme zur Ruhe. Vielleicht möchtest du dabei Meditationsmusik hören.
3. Lege intuitiv die Symbole auf deine 7 Hauptchakren.
4. Lasse die Symbole etwa 30 Minuten liegen, während du dich entspannst.

Unterstützende Engelessenzen:
Engel-Kombi-Essenz oder -Öl No. 28 | Cosiel, Engel-Aura-Essenz „Erzengel Raphael"

Mit Testen

1. Teste, welche und wie viele der 7 EKS | Cosiel du benötigst.
2. Teste, auf welchen Chakren bzw. anderen Körperstellen und wie lange die Symbole liegen sollen.
3. Lege oder klebe dort die Symbole auf.
4. Mache es dir bequem. Entspanne dich und komme zur Ruhe. Vielleicht möchtest du dabei Meditationsmusik hören.

Unterstützende Engelessenzen:
Teste, mit welcher Engel-Aura-Essenz du die Chakrenreinigung unterstützen kannst.
Teste, ob vielleicht noch eine Engelessenz, eine Engel-Kombi-Essenz oder ein Engel-Kombi-Öl benötigt wird (Menge, Häufigkeit, Dauer austesten).

 Schutzkreis legen

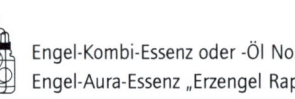 Engel-Kombi-Essenz oder -Öl No. 28
Engel-Aura-Essenz „Erzengel Raphael"

28.4 Auf Übertragungskarte legen

Eine Alternative zu Heilkreisen stellt die Anwendung der Engel-Kombi-Symbole in Kombination mit der Übertragungskarte dar. Sie überträgt die Engelschwingungen auf den Menschen, dem geholfen werden soll.

Ohne Testen

1. Kopiere die Übertragungskarte aus dem Buch (Seite 161) oder lade sie von meiner Homepage www.engelsymbole.at herunter.
2. Lege auf die Spirale alle 7 EKS No. 28 | Cosiel und in den Kreis ein Foto oder einen Namenszettel der Person, der du helfen möchtest.
3. Lasse alles liegen, bis sich das körperliche Problem gebessert hat oder der Heilungsprozess abgeschlossen ist.

Unterstützende Engelessenzen:

Engel-Kombi-Essenz oder -Öl No. 28 | Cosiel, Engel-Aura-Essenz „Erzengel Raphael"

Mit Testen

1. Kopiere die Übertragungskarte aus dem Buch (Seite 161) oder lade sie von meiner Homepage www.engelsymbole.at herunter.
2. Teste, welche und wie viele der EKS No. 28 | Cosiel du in die Spirale legen sollst. In den Kreis kommt ein Foto oder ein Namenszettel der Person, der du helfen möchtest.
3. Teste, wie lange alles liegen bleiben soll.

Unterstützende Engelessenzen:

Teste, mit welcher Engel-Aura-Essenz du den Heilungsprozess unterstützen kannst.
Teste, ob vielleicht noch eine Engelessenz, eine Engel-Kombi-Essenz oder ein Engel-Kombi-Öl benötigt wird (Menge, Häufigkeit, Dauer austesten).

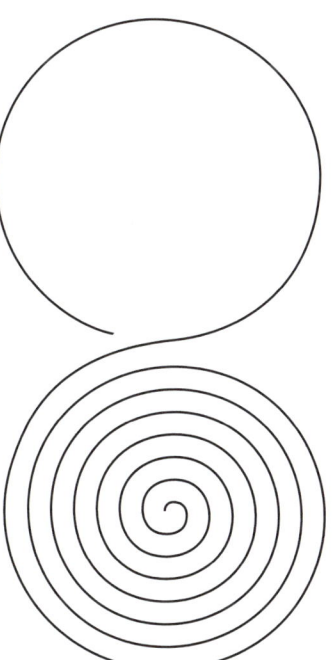

Engel-Kombi-Essenz oder -Öl No. 28
Engel-Aura-Essenz „Erzengel Raphael"

Engel-Kombi-Symbole
No. 42 – Coruel

Sieben Symbole

42.1 Meditation mit Abgrenzungs-symbolen

Wenn du dich ausgepo-wert, ausgelaugt oder sogar ausgenutzt fühlst, ist es wichtig, einen energetischen Schutz-wall um dich zu ziehen! Die Engelsymbole helfen dir dabei.

Ohne Testen

1. Nimm alle 7 EKS No. 42 | Coruel zur Hand und lege damit am Boden einen großen Kreis.
2. Setze oder lege dich in die Mitte dieses Kreises.
3. Entspanne dich und komme zur Ruhe. Vielleicht möchtest du dabei Meditationsmusik hören.
4. Fühle, wie die Engel einen energeti-schen Schutzwall um dich bilden.
5. Nimm dir für diese Meditation etwa 30 Minuten Zeit.

Unterstützende Engelessenzen:
Engel-Aura-Essenz „Energetische Abgrenzung"

Mit Testen

1. Teste, wie viele EKS No. 42 | Coruel du für diese Meditation benötigst.
2. Fahre fort wie links beschrieben.

Unterstützende Engelessenz / Öl / Aura-Essenz:
Teste, welche(s) Essenz / Öl / Aura-Essenz dich am besten unterstützt. Tropfenzahl, Häufigkeit und Dauer der Anwendung austesten.

 Schutzkreis legen

 Engel-Aura-Essenz „Energetische Abgrenzung"

42.2 Am Körper auflegen

Eine weitere Möglichkeit, die Abgrenzungssymbole intensiv zu nutzen, ist folgende:

Ohne Testen

1. Nimm alle 7 EKS No. 42 | Coruel zur Hand und mache es dir bequem.
2. Entspanne dich und komme zur Ruhe. Vielleicht möchtest du dabei Meditationsmusik hören.
3. Lege die Symbole intuitiv auf deine 7 Hauptchakren.
4. Lasse die Symbole etwa 30 Minuten liegen, während du dich entspannst.

Unterstützende Engelessenzen:
Engel-Aura-Essenz „Energetische Abgrenzung".

Mit Testen

1. Teste, welche und wie viele der 7 EKS No. 42 | Coruel du benötigst.
2. Teste, auf welchen Chakren bzw. anderen Körperstellen und wie lange die Symbole darauf liegen sollen.
3. Lege oder klebe dort die Symbole auf.
4. Mache es dir bequem. Entspanne dich und komme zur Ruhe. Vielleicht möchtest du dabei Meditationsmusik hören.

Unterstützende Engelessenzen:
Teste, mit welcher Engel-Aura-Essenz du die Chakrenreinigung unterstützen kannst.
Teste, ob vielleicht noch eine Engelessenz, eine Engel-Kombi-Essenz oder ein Engel-Kombi-Öl benötigt wird (Menge, Häufigkeit, Dauer austesten).

 Schutzkreis legen

 Engel-Aura-Essenz „Energetische Abgrenzung"

42.3 Großes Cutting mit Karma- und Abgrenzungs-Symbolen

Ohne Testen

1. Suche alle 7 EKS No. 25 | Cithael, alle 7 EKS No. 42 | Coruel und das weiß-goldene Symbol vom EKS No. 43 | Loriel heraus.
2. Lege alle Karten in Form einer aufgestellten „Acht" aus, wobei du in beiden Kreisen die Cithael-Symbole und die Coruel-Symbole abwechselnd und in die Schnittstelle das weiß-goldene Symbol vom EKS No. 43 legst.
3. Lege in den unteren Kreis der Acht ein Foto oder eine Zeichnung der Person, von der etwas weggenommen („gecuttet") werden soll.
4. Lege in den oberen Kreis ein Foto oder eine Zeichnung der Person, die „gecuttet" werden soll.
5. Lasse die Symbol-Acht mindestens 5 Wochen lang liegen.

Unterstützende Engelessenzen:
Engel-Aura-Essenz „Energetische Abgrenzung" und / oder „Erzengel Gabriel"

Mit Testen

1. Teste, welche und wie viele Engel-Therapie-Symbole aus den EKS No. 25 | Cithael, EKS No. 42 | Coruel und den EKS No. 43 | Loriel für das Cutting benötigt werden.
2. Teste, in welcher Reihenfolge die Symbole als „Acht" gelegt werden sollen.
3. Teste, in welchen Kreis der Acht ein Foto oder eine Zeichnung der Person / des Gegenstandes, von der / dem etwas „gecuttet" werden soll, gelegt werden soll.
4. Lege nun in den anderen Kreis der Acht ein Foto oder eine Zeichnung der Person / des Gegenstandes, die / der „gecuttet" werden soll.
5. Teste, wie lange die Symbol-Acht liegen soll.
6. Teste, ob nach dieser Zeit eine weitere Acht nötig ist.

Unterstützende Engelessenzen:
Teste, mit welcher Engel-Aura-Essenz du die betreffende Person unterstützen kannst. Teste, ob sie vielleicht noch eine Engelessenz, eine Engel-Kombi-Essenz oder ein Engel-Kombi-Öl benötigt (Menge, Häufigkeit, Dauer austesten).

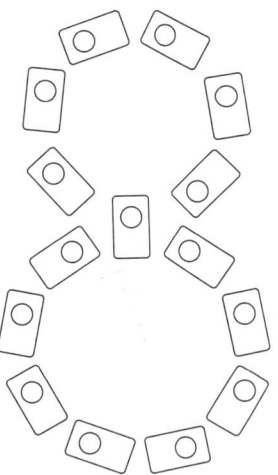

Engel-Aura-Essenz „Energetische Abgrenzung"
Engel-Aura-Essenz „Erzengel Gabriel"

Sieben Symbole

43.1 In kritischen Situationen

„Die 7 Nothelfer" begleiten dich durch kritische Lebens- situationen und geben einen energetischen Kick, falls der Heilungs- verlauf stagniert.

Ohne Testen

1. Nimm alle 7 EKS No. 43 | Loriel zur Hand und lege damit einen Kreis.
2. Lege in die Mitte des Kreises ein Foto oder einen Namenszettel.
3. Lasse alles liegen, bis sich die Situation entschärft bzw. das Problem gebessert hat oder der Heilungsprozess abgeschlossen ist.

Unterstützende Engelessenzen:
Engel-Kombi-Essenz oder -Öl No. 43 | Loriel, Engel-Aura-Essenz „Erzengel Raphael"

Mit Testen

1. Teste, welche der 7 EKS No. 43 | Loriel auf oder um ein Foto oder einen Namenszettel gelegt werden.
2. Teste, wie lange die Symbole liegen bleiben.

Unterstützende Engelessenzen:
Teste, mit welcher Engel-Aura-Essenz du die kranke Person unterstützen kannst. Teste, ob sie vielleicht noch eine Engelessenz, eine Engel-Kombi-Essenz oder ein Engel- Kombi-Öl benötigt (Menge, Häufigkeit, Dauer austesten).

 Schutzkreis legen

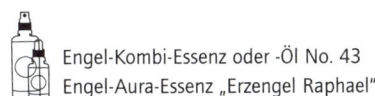 Engel-Kombi-Essenz oder -Öl No. 43
Engel-Aura-Essenz „Erzengel Raphael"

43.2 Vor Operationen

Steht eine Operation bevor, kann man den Betreffenden schon einige Zeit vor dem Operationstermin energetisch unterstützen – ebenso während und nach einer Operation.

Ohne Testen

1. Nimm alle 7 EKS No. 43 | Loriel zur Hand und lege damit einen Kreis.
2. Lege in die Mitte des Kreises ein Foto oder einen Namenszettel.
3. Lasse alles liegen, bis sich die Situation entschärft bzw. das Problem gebessert hat oder der Heilungsprozess abgeschlossen ist.

Unterstützende Engelessenzen:
Engel-Kombi-Essenz oder -Öl No. 43 | Loriel, Engel-Aura-Essenz „Erzengel Raphael"

Mit Testen

1. Teste, welche der 7 EKS No. 43 | Loriel auf oder um ein Foto oder einen Namenszettel gelegt werden sollen.
2. Teste, wie lange die Symbole liegen bleiben sollen.

Unterstützende Engelessenzen:
Teste, mit welcher Engel-Aura-Essenz du die kranke Person unterstützen kannst.

Teste, ob sie vielleicht noch eine Engelessenz, eine Engel-Kombi-Essenz oder ein Engel-Kombi-Öl benötigt (Menge, Häufigkeit, Dauer austesten).

43.3 Helfer für Helfer

Auch Helfer und Heiler benötigen Kraft und Hilfe von oben. Lass dich von der Kraft der „7 Nothelfer" aufladen!

Ohne Testen

1. Nimm alle 7 EKS No. 43 | Loriel zur Hand und lege damit einen Kreis in deinem Bett (unter dem Leintuch / Bettlaken).
2. Ich wünsche dir einen gesunden und erholsamen Schlaf! (Über einige Tage oder Wochen hindurch durchführen.)

Unterstützende Engelessenzen:
Engel-Kombi-Essenz oder -Öl No. 43 | Loriel, Engel-Aura-Essenz „Erzengel Uriel"

Mit Testen

1. Teste, welche und wie viele der EKS No. 43 | Loriel du in deinem Bett unter das Leintuch / Bettlaken legen sollst.
2. Teste, über welchen Zeitraum sie benötigt werden.
3. Ich wünsche einen gesunden und erholsamen Schlaf!

Unterstützende Engelessenzen:
Teste, mit welcher Engel-Aura-Essenz du die betreffende Person unterstützen kannst. Teste, ob vielleicht noch eine Engelessenz, eine Engel-Kombi-Essenz oder ein Engel-Kombi-Öl benötigt wird (Menge, Häufigkeit, Dauer austesten).

Schutzkreis legen

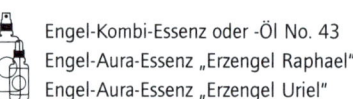
Engel-Kombi-Essenz oder -Öl No. 43
Engel-Aura-Essenz „Erzengel Raphael"
Engel-Aura-Essenz „Erzengel Uriel"

43.4 Stagnation im Heilungsprozess

Wenn energetische Heilungsprozesse stagnieren, wenn besonders intensive Heilkraft gefragt ist, dann arbeite mit den „7 Nothelfern"!

Ohne Testen

1. Nimm alle 7 EKS No. 43 | Loriel zur Hand und lege damit einen Kreis.
2. Lege in die Mitte des Kreises ein Foto oder einen Namenszettel.
3. Lasse alles liegen, bis sich das Problem gebessert hat oder der Heilungsprozess in Schwung kommt.

Unterstützende Engelessenzen:
Engel-Kombi-Essenz oder -Öl No. 43 | Loriel, Engel-Aura-Essenz „Erzengel Raphael"

Mit Testen

1. Teste, welche der 7 EKS No. 43 | Loriel auf oder um ein Foto oder einen Namenszettel gelegt werden sollen.
2. Teste, wie lange die Symbole liegen bleiben sollen.

Unterstützende Engelessenzen:
Teste, mit welcher Engel-Aura-Essenz du die kranke Person unterstützen kannst.
Teste, ob sie vielleicht noch eine Engelessenz, eine Engel-Kombi-Essenz oder ein Engel-Kombi-Öl benötigt (Menge, Häufigkeit, Dauer austesten).

43.5 „Engel-Reiki"

Nutze die intensive Kraft dieser Engelsymbole.

Ohne Testen

1. Suche die 7 EKS No. 43 | Loriel heraus und lege sie in einem Kreis aus.
2. Halte deine rechte Handfläche darüber und verweile so für ca. eine halbe Minute.
3. Danach halte deine linke Handfläche über die Symbole.
4. Jetzt kannst du deine mit Engel--Heilenergie aufgeladenen Hände auf verspannte oder schmerzende Körperstellen legen.

Unterstützende Engelessenzen:
Engel-Kombi-Essenz oder -Öl No. 43 | Loriel, Engel-Aura-Essenz „Erzengel Raphael"

Mit Testen

1. Teste, welche und wie viele EKS aus der Serie No. 43 | Loriel du zum Aufladen deiner Hände benötigst.
2. Teste, ob du nur eine oder beide Hände aufladen sollst.
3. Fahre fort wie links beschrieben.

Unterstützende Engelessenzen:
Teste, mit welcher Engel-Aura-Essenz du die kranke Person unterstützen kannst.

Teste, ob sie vielleicht noch eine Engelessenz, eine Engel-Kombi-Essenz oder ein Engel-Kombi-Öl benötigt (Menge, Häufigkeit, Dauer austesten).

Schutzkreis legen

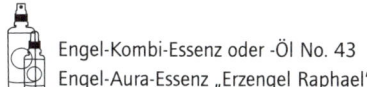
Engel-Kombi-Essenz oder -Öl No. 43
Engel-Aura-Essenz „Erzengel Raphael"

Engel-Kombi-Symbole
No. 59 – Ismael

Sieben Symbole

59.1 Begleitung von Sterbenden

Manche Menschen haben Angst vor dem Sterben. Sie sind dankbar für die Hilfe der Engel und der Menschen, die sie durch diesen schwierigen Lebensabschnitt begleiten.

Buchtipp:
Ingrid Auer
"Engel begleiten durch Krankheit, Tod und Trauer"
ISBN 978-3-9502151-3-7

Ohne Testen
1. Nimm alle 7 EKS No. 59 | Ismael zur Hand und lege damit einen Kreis.
2. Lege in die Mitte des Kreises ein Foto oder einen Namenszettel des Sterbenden.
3. Lasse alles liegen, bis der Sterbende hinüber gegangen ist. – Idealerweise noch weitere 5 Tage lang liegen lassen.

Unterstützende Engelessenzen:
Engel-Kombi-Essenz oder -Öl No. 59 | Ismael, Engel-Aura-Essenz „Erzengel Michael"

Mit Testen
1. Teste, welche der 7 EKS No. 59 | Ismael auf oder um ein Foto oder einen Namenszettel des Sterbenden gelegt werden sollen.
2. Teste, wie lange die Symbole liegen bleiben sollen.

Unterstützende Engelessenzen:
Teste, mit welcher Engel-Aura-Essenz du die sterbende Person unterstützen kannst. Teste, ob sie vielleicht noch eine Engelessenz, eine Engel-Kombi-Essenz oder ein Engel-Kombi-Öl benötigt (Menge, Häufigkeit, Dauer austesten).

 Schutzkreis legen

 Engel-Kombi-Essenz oder -Öl No. 59
Engel-Aura-Essenz „Erzengel Michael"

59.2 Begleitung von Angehörigen

In vielen Fällen benötigen auch die Angehörigen eines Sterbenden Hilfe und Unterstützung aus der Engelwelt.

Schutzkreis legen

Ohne Testen

1. Nimm alle 7 EKS No. 59 | Ismael zur Hand und lege damit einen Kreis.
2. Lege in die Mitte des Kreises ein Foto oder einen Namenszettel des oder der Angehörigen und des Sterbenden.
3. Lasse alles liegen, bis der Sterbeprozess abgeschlossen ist. – Idealerweise noch weitere 8 Wochen lang liegen lassen.

Unterstützende Engelessenzen:
Engel-Kombi-Essenz oder -Öl No. 59 | Ismael, Engel-Aura-Essenz „Erzengel Michael"

Mit Testen

1. Teste, welche der 7 EKS No. 59 | Ismael auf oder um ein Foto oder einen Namenszettel des / der Angehörigen und des Sterbenden gelegt werden sollen.
2. Teste, wie lange die Symbole liegen bleiben sollen.

Unterstützende Engelessenzen:
Teste, mit welcher Engel-Aura-Essenz du die kranke Person unterstützen kannst. Teste, ob sie vielleicht noch eine Engelessenz, eine Engel-Kombi-Essenz oder ein Engel-Kombi-Öl benötigt (Menge, Häufigkeit, Dauer austesten).

59.3 Begleitung nach dem Tod

Nach dem Tod befindet sich die Seele in einer „Zwischensphäre", bevor sie endgültig in die andere Ebene hinüberwechselt. Dabei kannst du sie von der physischen Ebene aus noch ein Stück begleiten und unterstützen

Ohne Testen

1. Kopiere die Übertragungskarte aus dem Buch (Seite 161) oder lade sie von meiner Homepage www.engelsymbole.at herunter.
2. Lege auf die Spirale alle 7 EKS No. 59 | Ismael und in den Kreis einen Namenszettel oder ein Foto der verstorbenen Person, der du helfen möchtest.
3. Lasse alles mindestens 13 Wochen lang liegen!

Mit Testen

1. Kopiere die Übertragungskarte aus dem Buch (Seite 161) oder lade sie von meiner Homepage www.engelsymbole.at herunter.
2. Teste, welche und wie viele der EKS No. 59 | Ismael du in die Spirale legen sollst. In den Kreis kommt ein Foto oder ein Namenszettel der verstorbenen Person, der du helfen möchtest.
3. Teste, wie lange alles liegen bleiben soll.

Engel-Kombi-Essenz oder -Öl No. 59
Engel-Aura-Essenz „Erzengel Michael"

59.4 Unterstützung bei großen Umbrüchen im Leben

Auch das irdische Leben mit seinen Lebenszyklen besteht aus „kleinen Toden und Wiedergeburten": sei es eine Trennung, Scheidung, Job- oder Wohnungswechsel, ein Verlust von jemandem oder etwas. Die Engel helfen auch in diesen Umbruchphasen des Lebens!

Ohne Testen

1. Nimm alle 7 EKS No. 59 | Ismael zur Hand und lege damit einen Kreis.
2. Lege in die Mitte des Kreises ein Foto oder einen Namenszettel.
3. Lasse alles liegen, bis sich das Problem gebessert hat oder die Veränderung abgeschlossen ist.

Unterstützende Engelessenzen:
Engel-Kombi-Essenz oder -Öl
No. 59 | Ismael, Engel-Aura-Essenz
„Erzengel Zadkiel"

Mit Testen

1. Teste, welche der 7 EKS No. 59 | Ismael auf oder um ein Foto oder einen Namenszettel gelegt werden sollen.
2. Teste, wie lange die Symbole liegen bleiben sollen.

Unterstützende Engelessenzen:
Teste, mit welcher Engel-Aura-Essenz du die kranke Person unterstützen kannst.

Teste, ob sie vielleicht noch eine Engelessenz, eine Engel-Kombi-Essenz oder ein Engel-Kombi-Öl benötigt (Menge, Häufigkeit, Dauer austesten).

 Schutzkreis legen

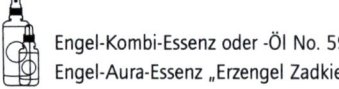 Engel-Kombi-Essenz oder -Öl No. 59
Engel-Aura-Essenz „Erzengel Zadkiel"

59.5 Großes Cutting mit Karma- und Sterbebegleitungs-Symbolen

Ohne Testen

1. Suche alle 7 EKS No. 25 | Cithael, alle 7 EKS No. 59 | Ismael und das weiß-goldene Symbol vom EKS No. 43 | Loriel heraus.
2. Lege alle Karten in Form einer aufgestellten „Acht" aus, wobei du in beiden Kreisen die Cithael-Symbole und die Ismael-Symbole abwechselnd und in die Schnittstelle das weiß-goldene Symbol vom EKS No. 43 legst.
3. Lege in den unteren Kreis der Acht ein Foto oder einen Namenszettel der Person, die nicht loslassen kann.
4. Lege in den oberen Kreis ein Foto oder einen Namenszettel der Person, die festgehalten wird.
5. Lasse die Symbol-Acht mindestens 5 Wochen lang liegen

Unterstützende Engelessenzen:
Engel-Aura-Essenz „Energetische Reinigung" und / oder „Erzengel Metatron"

Mit Testen

1. Teste, welche und wie viele Engel-Therapie-Symbole aus den EKS No. 25 | Cithael, EKS No. 59 | Ismael und den EKS No. 43 | Loriel für das Cutting benötigt werden.
2. Teste, in welcher Reihenfolge die Symbole als „Acht" gelegt werden sollen.
3. Teste, in welchen Kreis der Acht ein Foto oder ein Namenszettel der Person, die nicht loslassen kann, gelegt werden soll.
4. Lege nun in den anderen Kreis der Acht ein Foto oder einen Namenszettel der Person, die festgehalten wird.
5. Teste, wie lange die Symbol-Acht liegen soll.
6. Teste, ob nach dieser Zeit eine weitere Acht nötig ist.

Unterstützende Engelessenzen:
Teste, mit welcher Engel-Aura-Essenz du die betreffende Person unterstützen kannst.

Teste, ob sie vielleicht noch eine Engelessenz, eine Engel-Kombi-Essenz oder ein Engel-Kombi-Öl benötigt (Menge, Häufigkeit, Dauer austesten).

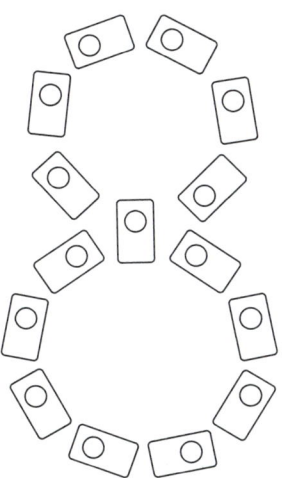

Engel-Aura-Essenz „Energetische Reinigung"
Engel-Aura-Essenz „Erzengel Metatron"

Teil III - Erfahrungsberichte aus der Praxis

Hier noch ein kleiner Querschnitt von Erfahrungsberichten, die ich gesammelt habe. An dieser Stelle möchte ich allen danken, die mich und meine Leser an ihren wertvollen Berichten teilhaben lassen!

Möchtest auch du einen Beitrag leisten, schicke ihn an erfahrungsberichte@engelsymbole.at

Danke!

DER WUNDERBARE ANFANG
EINER BEGEGNUNG MIT DEN ENGELN
VON BRIGITTE J. AUS LÜNEBURG:

„Im Sommer des Jahres 2002 eröffnete meine Tochter während meines Urlaubs ein Esoterikgeschäft. Doch ich hatte meinen Urlaub schon gebucht und wollte ihn nicht verschieben. Von meinem Nordseeurlaub zurückgekehrt, erhielt ich von meiner Tochter eine ‚Engelsymbolkarte für Ruhe und Leichtigkeit' von Ingrid Auer. ‚Sieht ganz hübsch aus', denke ich, ‚dieses Grün mag ich sowieso.' Die Karte wanderte in meine Jackentasche und blieb dort bis zum Spätsommer, als eine wärmere Jacke fällig wurde. Ich räumte die Taschen aus und fand die Engelsymbolkarte neben ungültigen Busfahrscheinen, Taschentüchern etc. ‚Wo soll die Karte bloß einen netten, angemessenen Platz finden?', überlegte ich. Letztendlich steckte ich sie unter den Mittelpfosten meines Schlafzimmerfensters. Dort blieb die Karte wieder einige Wochen lang. Wenn ich abends schlafen ging, schaute ich direkt auf diese Karte und freute mich, dass sie so freundlich ‚zurückblickte'.

Eines Tages erhielt ich eine herrliche, langstielige, knospende, rote Rose geschenkt. Ich dachte skeptisch, Rosen würden im Herbst spätestens nach zwei Tagen den Kopf hängen lassen. Dennoch steckte ich sie in eine schöne Vase und stellte sie – ohne darüber nachzudenken – auf die Fensterbank vor den bereits erwähnten Mittelpfosten meines Schlafzimmerfensters. Die Knospe war genau in Höhe der Engelkarte. Was dann passierte, glich einem Wunder:

Die Rose erblühte zu meinem Erstaunen! Ihr einmaliges, leuchtendes Rot wurde von Tag zu Tag schöner und intensiver! Sie welkte nicht, sie vertrocknete nicht.

Eines Tages warf sie die Blütenblätter ab. Diese umkränzten die Vase wie gestylt. Selbst das sah noch sehr hübsch aus. Ich war zu Tränen gerührt. So etwas hatte ich noch nie erlebt, es geschah hier alles ohne mein Zutun.

Vorsichtig nahm ich die Blütenblätter – mit einem fragenden Blick in Richtung Engelsymbolkarte – auf und legte sie in eine Alabasterschale zwischen Kastanien. Erst hier trockneten die Rosenblätter und waren so schön und zart. Dabei blichen die Farben von Dunkelrot ins Hellrot aus, behielten aber ihre Schönheit. Ich war tief berührt und überlegte, dass hinter diesem Geschehen mehr stecken musste. Ab diesem Tag begann ich mich für das Engelsymbol-Set zu interessieren.

In der Zwischenzeit habe ich gute Erfahrungen mit den Engelsymbolen gesammelt. Ich habe schon einige Engelsymbol-Schutzkreise gelegt, die Wohltaten bewirkten. Es lässt mich nicht mehr los, die Engel haben mich berührt. Also nehme ich es dankbar an, es schenkt mir unbändige Freude!"

▸ DIE NÄCHSTEN BERICHTE ERHIELT ICH
VON MARLENE DAMBLON AUS AACHEN:

„Mein Vater wurde im Juli 2002 wegen einer Blasensteinentfernung ins Aachener Klinikum eingewiesen. Zu diesem Zeitpunkt litt er schon seit ca. 2 Jahren, nach einer Gehirnblutung, an zunehmender Vergesslichkeit. Die OP verlief gut, doch noch am gleichen Abend erlitt mein Vater aufgrund einer Elektrolytentgleisung einen epileptischen Anfall. Er aspirierte (u. a. atmete er Erbrochenes in die Lunge ein) und wurde daraufhin in ein künstliches Koma versetzt.

Es war die Zeit, in der ich anfing, mit den Karten ‚Engelsymbole' zu arbeiten. Die Ärzte und das Pflegepersonal der Intensivstation waren sehr kooperativ. Ich durfte meinen Vater so oft und so lange besuchen, wie ich wollte. In dieser Zeit habe ich sehr intensiv mit den Karten gearbeitet. Vor jedem Besuch zog ich 3 Karten, die ich auf die angegebenen Chakren legte. Es waren fast immer Erzengelkarten, Karten für Karmaerlösung und Neuanfang.

Bei einem Besuch bemerkte ich, dass sich viele Emotionen bei meinem Vater gelöst hatten. Er weinte heftig, obwohl er im Koma lag. Ich fragte das Pflegepersonal, ob dies möglich sei. Sie verneinten, kamen aber doch mit zu meinem Vater, um sich selber davon zu überzeugen. Die Schwestern waren sehr erstaunt und meinten, so etwas hätten sie noch nicht erlebt. Während der schweren Zeit auf der Intensivstation spürte ich sehr stark die Anwesenheit der Engel. Sie waren mir eine große Unterstützung.

Nach dem Klinikaufenthalt litt mein Vater ein halbes Jahr unter einer teilweisen Amnesie, Halluzinationen, und es vollzog sich eine starke Wesensveränderung in ihm. Medizinische Hilfe lehnte er zum damaligen Zeitpunkt strikt ab. Auch ich hatte kaum noch Zugang zu ihm. Während eines Psychiatrieaufenthaltes reinigte ich ihn und mich aber täglich mit den Aura-Essenzen ‚Energetische Reinigung' und ‚Erzengel Gabriel'. Sein Zustand verbesserte sich und er konnte entlassen werden.

Die Wesensveränderung blieb jedoch bestehen. Eines Tages erschienen mir die Engel-Kombi-Symbole No. 59 immer wieder vor meinem geistigen Auge. Diese Symbole haben mich von Anfang an sehr angesprochen. Ich finde sie wunderschön, sie haben mir nie Angst gemacht, da es bei ihnen ja auch um Neuanfang geht.

Ich legte also alle 7 Kombisymbole auf ein Foto meines Vaters und wartete gespannt ab. Ich durfte dieses tun, da mein Vater mir vor Jahren die Vollmacht gab, im schweren Krankheitsfall für ihn zu entscheiden. Nach 2 Tagen bemerkte ich eine kleine Veränderung. Mein Vater, der zum damaligen Zeitpunkt kaum Interesse an irgendetwas zeigte, beteiligte sich erstmals wieder an einem Gespräch. So ganz mochte ich es noch nicht glauben, das dies auf den Einsatz der Engelsymbole zurückzuführen war.

Ich wartete noch 3 Tage ab, dann sprach ich meinen Mann und meinen Bruder auf den Zustand und das Verhalten meines Vaters an. Auch ihnen war aufgefallen, dass mein Vater sich positiv veränderte. Von Tag zu Tag traten seine positiven Charaktereigenschaften mehr und mehr zu Tage.

Dies ist jetzt 6 Wochen her. Die Vergesslichkeit ist geblieben, aber mein Vater lebt im Moment ein zufriedenes und ausgeglichenes Leben. Er erkennt seine Enkel wieder, liest, diskutiert wieder über Politik und die Welt und zeigt Interesse am Leben. Die Ärzte können sich die Veränderungen meines Vaters nicht erklären. Meine Erklärungen können sie leider noch nicht zulassen. Sie belächeln sie wohlwollend.

Die Engel-Kombi-Symbole No. 59 liegen weiterhin auf dem Foto. Sie werden dort auch liegen bleiben. Ich bin den Engeln sehr dankbar.

Nach der positiven Erfahrung mit den Engel-Kombi-Symbolen No. 59 setzte ich sie bisher noch zweimal mit großem Erfolg ein.

Meine Schwiegermutter ist trotz ihrer 83 Jahre noch sehr fit und agil. Zum Zeitpunkt der Erkrankung meines Vaters litt sie unter Übelkeit, Schlafstörungen und Magenschmerzen. In dieser Zeit starben auch einige ihrer Freundinnen. Inzwischen hat sie 2 Klinkaufenthalte (ohne Befund) hinter sich. Sie wurde bei unterschiedlichen Ärzten von „Kopf bis Fuß" untersucht, doch es gab keinen Befund. Medikamente und unterschiedliche Behandlungsansätze, auch bezogen auf das Krankheitsbild „Depression", blieben ohne Erfolg.

Nachdem die Schulmedizin, in die meine Schwiegermutter immer großes Vertrauen hatte, nicht helfen konnte, bat sie mich um Hilfe.

Ich nahm ein Bild meines Vaters und meiner Schwiegermutter und legte dort die Engel-Therapie-Symbole No. 59 auf. Doch davon erzählte ich meiner Schwiegermutter zunächst nichts. Nach 2 Tagen telefonierten wir miteinander. Freudig erzählte sie mir, dass sie seit 2 Tagen gut schlafe, die Übelkeit wäre auch etwas besser. 5 Tage später fragte ich noch einmal nach. Meine Schwiegermutter meinte, ich bräuchte mich nicht mehr um sie zu kümmern. Sie war beschwerdefrei und war der Meinung, dass es von alleine weggegangen sei. Ich erzählte ihr nun von den Symbolen auf ihrem Foto. Sie war ganz erstaunt, konnte es aber zulassen. Meine Schwiegermutter ist eine gläubige Frau, daher wollte sie gleich in die Kirche gehen und sich mit einer Kerze bei den Engeln bedanken. Ich gab ihr zur Unterstützung noch die Engel-Kombi-Essenz No. 59 mit. Sie meinte nur, da es hilft, ist es für sie okay, wenn die Hilfe von den Engeln kommt.

Das nächste Mal setzte ich die Engel-Kombi-Symbole No. 59 bei einem Hund ein. Der Hund, eine 10-jährige Golden-Retriever-Hündin, lebt bei Familie R., einer Familie, die sehr intensiv mit den Engeln arbeitet. Die Hündin war zu diesem Zeitpunkt schon sehr krank (verschiedene Organerkrankungen, an vielen Stellen kein Fell mehr vorhanden, nur noch sehr langsame, schleppende Bewegungsabläufe etc.).

Frau R. war fest davon überzeugt, dass die Hündin nicht mehr lange leben würde. Zur Sterbebegleitung legte sie die Engel-Kombi-Symbole No. 59 auf die Übertragungskarte der Hündin.

Bei meinem nächsten Hausbesuch nach ca. drei Wochen traute ich meinen Augen nicht. Das Fell der Hündin glänzte und wuchs an vielen Stellen nach. Frau R. berichtete mir, dass sich der Allgemeinzustand der Hündin wesentlich verbessert hätte. Ich nahm die Engel-Kombi-Essenz No. 59, gab einige Tropfen auf den Bauch der Hündin und massierte diese vorsichtig ein. Die Hündin sah mich dankbar an und ließ es geschehen. Wir wissen nicht, wie lange die Hündin noch leben wird, sehen aber, wie sie derzeit leidensfrei leben kann.

Dies war nicht die einzige Erfahrung in der Engelarbeit mit Tieren und der Tatsache, dass Tiere sehr gut auf die Engel-Aura-Essenzen und Engelsymbole reagieren. Ich selbst besitze eine sehr sensitive 4-jährige Labradorhündin mit Namen Lena. Sie reagiert sehr empfindlich auf Lärm (Silvesterraketen, Bohrlärm usw.). In diesen Momenten sprühe ich Lena mit der Engel-Aura-Essenz „Engel Hariel" ein und sie beruhigt sich anschließend sehr schnell.

Ebenso ist Lena ganz versessen auf das Engel-Kombi-Öl No. 14 (Organe, Organalarmpunkte und Fußreflexzonen). Wenn ich mir dieses Öl auf die Füße auftrage, versucht Lena, es mir von den Füßen oder Händen abzulecken. Steht das Öl auf dem Tisch, legt Lena sich unter den Tisch und bleibt dort liegen. Ich habe sie auch schon mehrfach mit dem Öl massiert, was sie

Erfahrungsberichte aus der Praxis

immer sehr genießt. Lena reagiert nur auf das Engel-Kombi-Öl No. 14, auf andere Öle jedoch nicht.

Das Engel-Kombi-Öl No. 14 ist für mich selber ein sehr wichtiges Öl geworden. Als ich das Öl das erste Mal abends aufgetragen hatte, bekam ich nach ca. 2 Stunden leichte Nierenkoliken. Ein Jahr zuvor war ich bereits mit starken Nierenkoliken ins Krankenhaus eingewiesen worden. Zunächst überkam mich also Angst, da meine Erinnerungen an den damaligen Krankenhausaufenthalt, die Schmerzen etc. sehr schrecklich waren. Doch ich kam schnell ins Vertrauen, da ich instinktiv fühlte, dass ich dieses Mal nicht alleine war. Vor einem Jahr lösten sich nicht alle Nierensteine und ich wusste, dass ein kleiner Stein noch zurückgeblieben war. Dieser Stein löste sich in der Nacht, nach dem Auftragen des Öls, auf.

Ich denke, diese Erfahrung war für mich und meine Arbeit sehr wichtig, da sie mir gezeigt hat, wie schnell die Engelessenzen, Öle etc. wirken.

Dies zeigte sich auch bei meiner nächsten Erfahrung.

Mein Sohn Jonas (12 Jahre) fuhr mit seinem Freund (12 Jahre), dessen Eltern und jüngerem Bruder (2 Jahre) in Urlaub nach Dänemark. Kurz vor der Reise legte Jonas für sich und die Familie seines Freundes einen großen Schutzkreis. Jonas selbst war der Meinung, dass es ein großer Schutzkreis sein müsste, denn die Familie hatte sich ein Ferienhaus weit ab von der nächsten Stadt gemietet. Am ersten Tag inspizierte H. (2 Jahre) die Umgebung und das Haus. Rund um das Haus hingen schwere Eisenketten vom Dach herab, die als Regenablauf dienten. Obwohl die Eltern von H. es ausdrücklich verboten hatten, hing sich H. an eine dieser Ketten, um zu schaukeln. Im gleichen Moment löste sich die schwere Eisenkette und fiel H. scheppernd auf den kleinen Kopf. Die Eltern hörten den lauten Aufprall und lie-

fen nach draußen. Sie bekamen fürchterliche Angst, da sie weder wussten, wo der nächste Arzt, noch wo das nächste Krankenhaus zu finden war. Doch H. trug lediglich eine kleine Beule von diesem Unfall davon. Mein Sohn sagte mir später, es hätte nichts Schlimmes passieren können, da er vorher den großen Engelschutzkreis gelegt hätte und er zusätzlich „den Michael" eingepackt hätte.

Vor einiger Zeit durchlebten meine Familie und ich eine sehr schwierige Phase. Deshalb arbeitete ich auch für mich selber ganz intensiv mit den Engeln. Die Symbolkarte von Erzengel Gabriel lag ein halbes Jahr unter meinem Kopfkissen, der „Loslassengel" und die „Engel für Glauben und Vertrauen" hielten Einzug in meinen BH. Während dieser Zeit spürte ich die Unterstützung und begriff, ich würde nie mehr alleine sein. Was für ein Geschenk!!!"

ANDREA K. BERICHTET
AUS IHRER PRAXIS ALS ENERGIE-THERAPEUTIN

„Eine Klientin litt unter Drehschwindel und hatte dadurch immer wieder akute Schwindelanfälle, sodass sie ihre Arbeit als Krankenschwester nicht mehr ausüben konnte. Die Schulmedizin war ratlos. Außer Medikamenten und Infusionen, die immer nur kurz wirkten, gab es keine Hilfe und Heilung.

Über die Arbeit mit den Engel-Symbolkarten 1 – 49 stießen wir auf den seelisch-mentalen Hintergrund für ihre körperlichen Probleme: Unehrlichkeit zu sich selbst. Die Klientin wollte es immer allen recht machen, nahm auf alle anderen Rücksicht und war dadurch unehrlich zu sich selbst. Ich gab ihr noch Engel-Essenzen mit, die sie in ihrem Veränderungsprozess unterstützen sollten.

Nachdem sie mit Hilfe der Symbolkarten das Problem erkannt hatte, änderte sie mehr und mehr ihr bisheriges Verhalten: Sie hört nun auf ihre innere Stimme, die sie vorher immer ignoriert hatte, und drückt auch ihre Gefühle klar und deutlich aus, auch ihrer Familie gegenüber. Ihr Umfeld reagierte anfangs verständnislos. Keiner wusste, was von dieser Veränderung zu halten sei.

Unser Gespräch liegt ca. 3 Monate zurück. Seither hat sie keinen Anfall mehr gehabt und ist voller Tatkraft und Unternehmungsgeist. Sie geht jetzt – im Gegensatz zu früher – wieder ins Theater, ins Kino oder in die Gymnastikstunde.

Eine weitere Klientin, praktische Ärztin und Psychotherapeutin, erzählte mir, dass immer wieder einige Patienten zu ihr in die Praxis kommen, die sie energetisch regelrecht auslaugen. Nach dem Gespräch oder der Behandlung dieser Menschen ist sie immer fix und fertig und fühlt sich leer. Ich empfahl ihr die Engel-Aura-Essenz „Energetische Abgrenzung". Für die Ärztin waren die Engelessenzen neu, sie erfuhr zum ersten Mal von mir, dass es sie gibt. Dementsprechend groß war auch ihre Skepsis. Dennoch sie war offen und verwendete sie sogleich. Anfangs konnte sie die Veränderungen noch nicht wahrnehmen. Sie erkannte die Wirkung dieser Aura-Essenz erst, als sie nach einigen Wochen Anwendung einmal total vergessen hatte, die Essenz vorsorglich in ihre Aura zu sprühen: Einem Patienten war es wieder gelungen, sie energetisch „auszulaugen". Da spürte sie den Unterschied zwischen einem Tag in ihrer Praxis „mit" und „ohne" Engel-Aura-Essenz. Seither schätzt sie die Essenzen sehr und sagt selbst, dass diese eine große Hilfe bei ihrer Arbeit geworden sind.

Meine Mutter ist wegen ihrer Schilddrüsenstörungen seit längerer Zeit in ärztlicher Behandlung, muss regelmäßig zur Kontrolle gehen und Medikamente einnehmen. Vor ungefähr zwei Monaten pendelte ich ihr zu ihrem Schilddrüsenproblem eine passende Engelessenz aus. Zusätzlich arbeitete sie mit Affirmationen. Bei der darauf folgenden Kontrolle zeigten sich die Ärzte sehr überrascht. Das Schilddrüsenproblem hatte sich überraschenderweise gebessert und die Medikamente konnten reduziert werden.

Durch den Erfolg angespornt, pendelte ich noch drei weitere Engel-Kombi-Essenzen und die dazu passenden Affirmationen für meine Mutter aus. Zusätzlich legte ich die Symbolkarten „Kreativität und Selbstausdruck" sowie „Erzengel Raphael" zur Unterstützung auf die Übertragungskarte. Man darf gespannt sein!"

BRIGITTE J. SCHREIBT:

„Ich war furchtbar erkältet. Alle möglichen Vitamine und Naturheilmittel hatte ich bereits eingenommen. Drei Tage lief ich mit Halsschmerzen und einem Brummschädel herum, besonders rechtsseitig. Ich hätte so gerne einen ordentlichen Schnupfen zum Entschlacken und Entgiften bekommen, aber daraus wurde nichts.

‚Es hilft nichts, ein Engel muss her!', dachte ich. Also kam die Symbolkarte No. 46 | Erzengel Raphael unters Kopfkissen. Nachts um 1.30 Uhr wachte ich auf. Oh nein, diese Störung, ich wollte ja schlafen! Da war mir, als hörte ich Erzengel Raphael sagen: ‚Ich denke, du willst Schnupfen haben.' Also gut, ich kletterte aus dem Bett und nahm mein Pendel zur Hand. Ich stellte fest, dass der Lungenmeridian geschwächt war – logisch – und testete weiter, was helfen könnte: 3 Bachblüten. Hilfe also zumindest bis zum nächsten Morgen. Ich konnte weiterschlafen. Den ersehnten Schnupfen bekam ich trotzdem nicht.

Am nächsten Morgen testete ich erneut. Ich benötigte das gesamte Engel-Kombi-Set No. 38 | und das Lungen-meridiansymbol aus dem Engel-Kombi-Set No. 13.

Die praktische Umsetzung sah dann so aus: Das Meridian-symbol kam auf den Anfangspunkt vom Lungenmeridian, alle Symbole des Kombi-Sets 38 auf die restlichen Reizpunkte des Lungenmeridians. Eine Stunde später hatte ich endlich Schnupfen, der Brummschädel war fast weg. Interessant war noch, dass ich das Gefühl hatte, als würde mir etwas vom Kopf gezogen. Außerdem spürte ich etwas am Reizpunkt No. 9 des Lungenmeridians, das sich wie Elektroimpulse anfühlte.

Am nächsten Tag wiederholte ich diese ‚Engelbehandlung'; insgesamt führte ich sie noch vier Tage lang durch. Es war ein wunderbarer Erfolg!!!"

THOMAS G. ABSOLVIERTE EINE HEILER-AUSBILDUNG UND PRAKTIZIERT ENERGETISCHE HEILBEHANDLUNGEN:

„Die Engelessenzen entdeckte ich bei einer Heiler-Kollegin in der Praxis. Offen und neugierig wie ich bin, probierte ich sie aus und erkannte sofort deren starke Wirkung. Es war für mich in diesem Augenblick klar, dass ich sie für meine Heilbehandlungen einsetzen würde.

Als Erstes besorgte ich mir die Engel-Aura-Essenzen ‚Engelmeditation', ‚Erzengel Michael' und ‚Erzengel Raphael'. Beim nächsten Klienten, der in meine Praxis kam, probierte ich sie aus und testete das Ergebnis auch noch mit dem Einhandrute: Das Ergebnis war verblüffend. Innerhalb weniger Sekunden reagierten die Chakren sehr positiv darauf. Sie waren sofort in einem harmonischen Schwingungszustand. Während der folgenden Behandlung spürte ich mehr Wärme in meinen Händen und einen harmonischen Energiefluss am und im Patienten.

Ferner konnte ich feststellen, dass die Engelenergien mit einer unglaublichen Geschwindigkeit in die verschiedenen feinstofflichen Systeme eindringen und dort auch bleiben. Es zeigen sich durchschlagende Erfolge in den Behandlungen.

Ein einschneidendes Erlebnis hatte ich mit einer Klientin, die vor langer Zeit mit schwarzer Magie in Berührung gekommen war. Sie litt unter negativen Energien, die von ihr Besitz ergriffen hatten. Das zeigte sich in Form einer Psychose. Außerdem litt sie unter Wahnvorstellungen. In solch einem Zustand sollte man normalerweise keine energetische Heilbehandlung durchführen, weil sich dabei die negativen Energien verstärken können. Da die Klientin in einem fürchterlichen Zustand war, blieb mir aber gar nichts anderes übrig, und ich begann, über das 7. Chakra und das Höhere Selbst zu arbeiten. Dabei verwendete ich die Engel-Aura-Essenzen „Engelmeditation" und als Schutz „Erzengel Michael". Die Frau, die dämonisch besetzt war, begann zu brüllen und verwendete die ärgsten Ausdrücke, was sonst ihrem Wesen überhaupt nicht entsprach. Doch sobald ich die Aura-Essenzen sprühte, entspannte sie sich sofort. Es war eine richtige ‚Austreibung'. Allmählich lösten sich die Fremdenergien aus ihrem Körper heraus und wurden mit Liebe ins Licht geschickt. Ihr Körper entspannte sich mehr und mehr und fühlte sich sichtlich erleichtert. Dennoch riet ich ihr, ihre Psychose auch psychotherapeutisch aufzuarbeiten. Heute ist sie wieder völlig gesund und erinnert sich mit Entsetzen an diese qualvolle Zeit."

UND HIER NOCH EIN PAAR ERFAHRUNGSBERICHTE IN KURZFORM:

Lukas, 1 Jahr alt, hatte ca. 20 Dell-Warzen auf der linken Brust und am rechten inneren Oberarm, die sich bis auf den Rücken ausgebreitet hatten. Der Arzt drückte diese Warzen aus, sie sollten von innen heraus abheilen. Doch die Warzen wurden größer.

Für Lukas wurde das „Kinder-Notfallöl", Engel-Kombi-Öl No. 3 | Hariel ausgetestet, das seine Mutter zweimal am Tag auf die befallenen Stellen auftrug und sanft einmassierte. Innerhalb eines Monats wurden die Warzen immer kleiner, es bildeten sich kleine Narben, die nach kürzester Zeit verschwanden. Heute ist die Haut völlig gesund.

Christine berichtet: „Meine Firmpatin, 60, musste plötzlich ins Spital. Dort wurde sie innerhalb von 10 Wochen Krankenhausaufenthalt achtmal operiert, und zwar immer an derselben Stelle. Sie hatte ein Gewächs, das sich mit Flüssigkeit gefüllt hat. Ich legte für meine Firmpatin einen Schutzkreis aus 12 Symbolkarten vom Buch ‚Engelsymbole'. Wie ich mit dem Pendel austestete, musste ich an manchen Tagen sogar noch einige Symbole dazulegen.

Meine Patin wusste nichts von meiner Engel-Aktion, als sie im Nachhinein erzählte, dass sie keine Kraft mehr zum Kämpfen hatte und eigentlich aufgeben wollte. Doch plötzlich bekam sie ‚von irgendwo' Kraft, und es ging bergauf. Heute ist sie wieder ganz gesund."

Eine Leserin schreibt: „Mein Schwiegervater hat zeitlebens davon gesprochen, dass er erst im hohen Alter sterben möchte. Als er mit 85 mit einem schweren Leiden ins Krankenhaus eingeliefert wurde, konnte er nicht sterben,

Erfahrungsberichte aus der Praxis

obwohl er es sich zu diesem Zeitpunkt sehr gewünscht hat. Eine Frau, die sich energetisch mit ihm verband, versuchte ihm zu helfen. Sie sprach ein Befreiungsgebet, legte zwei Symbolkarten für ihn und zündete eine Kerze an. In dieser Nacht verstarb er friedlich."

Gabriele erzählte: „Eines Tages kam ein Anruf meiner Schwester. Eine Wespe hatte ihre zweijährige Tochter in die Zunge gestochen! In Panik packten wir die Kleine und fuhren in das nächstgelegene Krankenhaus, das 25 Autominuten von uns entfernt ist. Zuvor gab ich meiner Nichte noch ein paar Tropfen ‚Körperlicher Notfall' (Engel-Kombi-Essenz No. 1) auf die Zunge. Noch bevor wir das Krankenhaus erreicht hatten, war die Schwellung fast gänzlich verschwunden."

Eine Leserin berichtet: „Meine Lieblingspflanze ist ein so genannter ‚Elefantenfuß'. Ich hatte meine Freude daran, hegte und pflegte ihn. Doch eines Tages bemerkte ich, dass er von der ‚Weißen Spinne' befallen war. Welch ein Schreck! Gleich besorgte ich ein giftiges Spritzmittel, um ihn von dem Schädling zu befreien. Doch das Gift wirkte nicht, die ‚Weiße Spinne' ist sehr schwer von Pflanzen weg zu bekommen, wie man mir erklärte. Nichts half! Da versuchte ich es mit der Engel-Aura-Essenz ‚Erzengel Raphael'. Und siehe da, das half! In der Zwischenzeit hat mein Elefantenfuß sogar schon drei neue Blätter bekommen."

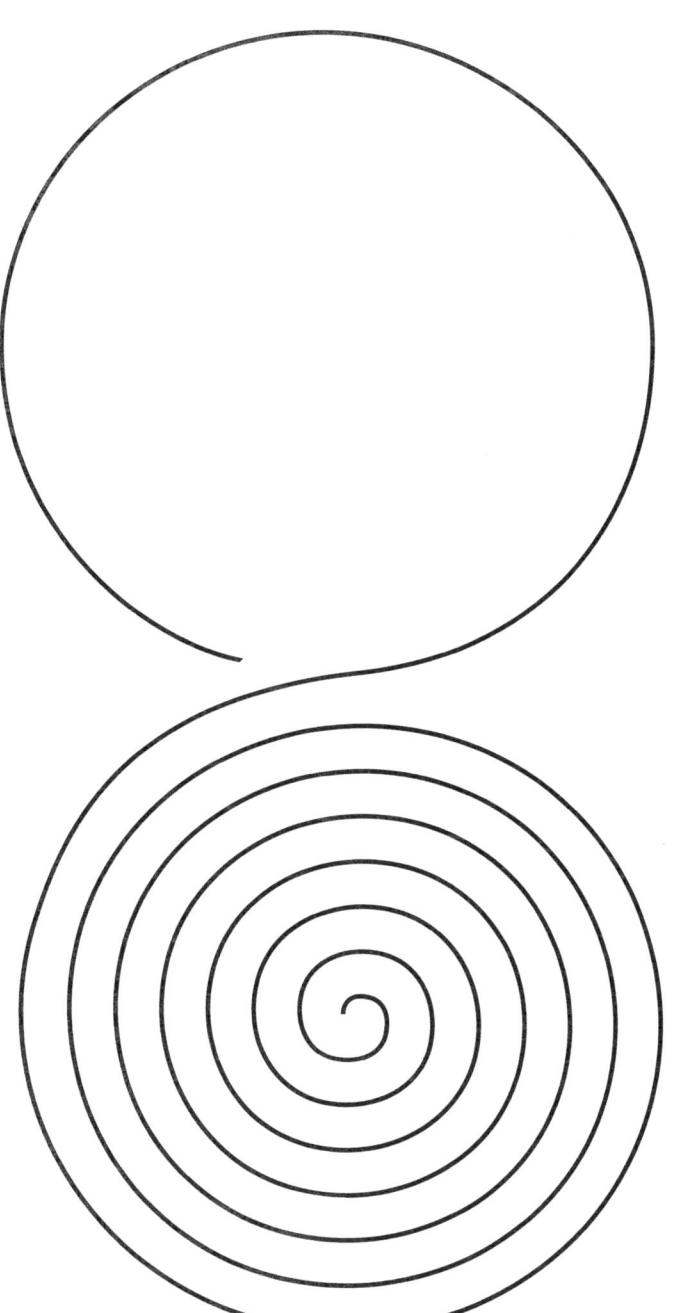

ÜBERTRAGUNGSKARTE

Auf die Spirale stellen Sie
Essenz, Öl oder Ampulle.
Auf den Kreis das Foto der
zu behandelnden Person.

Publikationen von Ingrid Auer

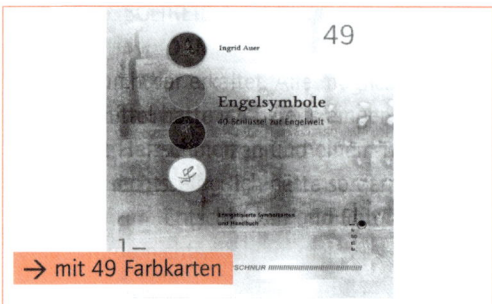

→ mit 49 Farbkarten

→ mit 18 Kombi-Symbol-Sets

Engelsymbole
49 Schlüssel zur Engelwelt
Farbkarten und Handbuch

Einfühlsam und leicht verständlich ermöglicht Ihnen
dieses Buch einen natürlichen, unbefangenen Zugang
zur Engelwelt. Alle, die Rat und Trost brauchen oder körperliche Beschwerden haben, können sich mit diesem Set
die bezaubernde Engelwelt erschließen und deren
Unterstützung nutzen.

Die im Buch vorgestellten Engelsymbole verhelfen Ihnen
dazu, Blockaden im seelischen und körperlichen Bereich
zu lösen und die Chakren, Wasser, Nahrungsmittel und
vieles mehr zu energetisieren. Auch die verschiedenen
Kartenlegesysteme bergen eine Fülle von Anwendungs-
möglichkeiten.

So lassen sich mit Hilfe der kraftvollen Symbolkarten
Fragen zu den Themen Selbsterkenntnis, Lebensweg,
Lernaufgabe, Vergangenheit – Gegenwart – Zukunft usw.
beantworten. Sie dienen darüber hinaus als Tageskarte,
als helfender Schutzkreis sowie zur Fernheilung und
Meditation.

Begleitbuch 156 Seiten, gebunden,
plus 49 farbige Symbolkarten, in Box
ISBN 978-3-89845-272-4
EUR [D] 29,00

Ehemaliger Titel:
"Heilende Engelsymbole"

Nutze die Kraft der Engel-Kombi-Symbole
18 Kombi-Symbol-Sets beigelegt, 196 Seiten

In diesem Buch werden 147 Engel-Kombi-Symbole
vorgestellt, die Ingrid Auer auf geistigem Weg direkt aus
der Engelwelt empfangen hat.
Mit diesen Symbolen werden Selbstheilungsprozesse
beschleunigt, Selbsterkenntnis gefördert und die persön-
liche, spirituelle Entwicklung unterstützt.

Mit diesem Buch übermittelt die Autorin nicht
nur eigene Erfahrungen und Tipps aus der Praxis,
sondern auch genaue Arbeitsanleitungen, Arbeitslisten,
Hilfstabellen und jede Menge anschauliche Fallbeispiele.
Die klare Sprache des Buches eröffnet jedermann, der
Engelhilfe für sich, für die Familie, für Freunde oder aber
auch für Klienten und Patienten benötigt, einen leicht
verständlichen Einstieg in die Welt der Engel-Kombi-
Symbole.

Begleitbuch 198 Seiten, gebunden,
plus 18 Kombi-Symbol-Sets, in Box
ISBN 978-3-89845-225-0
EUR [D] 29,00

Ehemaliger Titel:
"Heilen mit Engel-Therapie-Symbolen"

→ mit 18 Pendeltabellen

→ mit 21 Engelsymbolen für Kinder

Engelessenzen und Engelöle
Energien der Neuen Zeit.

Engelessenzen
Engel-Kombi-Essenzen
Engel-Transformationsessenzen
Engel-Kombi-Öle
Engel-Aura-Essenzen

In ihrem dritten Band geht die Autorin im Einzelnen auf die Bedeutung der hochenergetisierten Engelessenzen und Engelöle ein, die uns Menschen des dritten Jahrtausends als Geschenk der Engel zur Heilung dargeboten werden. Durch seine übersichtliche und klare Struktur stellt das Buch nicht nur eine sinnvolle Ergänzung der ersten beiden Bände dar, sondern unterstützt Energetiker wie Laien bei der richtigen Auswahl und effizienten Handhabung im Anwendungsbereich.

212 Seiten, broschiert
ISBN 978-3-89845-241-0
EUR [D] 14,90

Engelsymbole für Kinder
Liebevolle Begleitung im Alltag.

Kinder sind – meist unbewusst – für viele Erwachsene Mittler zwischen der irdischen und der geistigen Welt. Sie stehen in den ersten Lebensjahren noch intensiv mit der Engelwelt in Kontakt. Leider werden sie von vielen Erwachsenen nicht ernst genommen und bleiben dann mit ihren Erfahrungen unverstanden und fühlen sich alleine.

Dieses Set soll Kindern und Eltern helfen, mit der Engelwelt spielerisch wieder in Kontakt zu treten oder ihre bestehende Verbindung zur Engelwelt zu verstärken. Das Buch beschreibt dabei kindgerecht, wie die auf den beiliegenden runden Karten gedruckten Engelsymbole in den Alltag integriert werden können. Es versteht sich aber auch als „Spirituelles Aufklärungsbuch" für alle Erwachsenen, denen der ursprüngliche, natürliche Zugang zur Engelwelt im Laufe ihres Lebens verloren gegangen ist und hilft ihnen, diesen wieder zu finden.

21 runde Engelkarten mit Begleitbuch, 192 Seiten,
broschiert, in Box
ISBN 978-3-89845-065-2
EUR [D] 25,90

Meditations-CDs des Lichtpunkt & Ekonja-Verlags

Meditieren mit den
Erzengeln Michael,
Gabriel und Jophiel.
ISBN 978-3-902636-00-3

Meditieren mit den
Erzengeln Zadkiel,
Metatron und Chamuel.
ISBN 978-3-902636-01-0

Meditieren mit den
Erzengeln Raphael, Uriel
und deinem Schutzengel.
ISBN 978-902636-02-7

Engel begleiten durch
Schwangerschaft und
Geburt
ISBN 978-3-902636-03-4

Engel für Aura
und Chakren
ISBN 978-3-902636-04-1

Begegne deinen
Schutzengeln
ISBN 978-3-902636-07-2

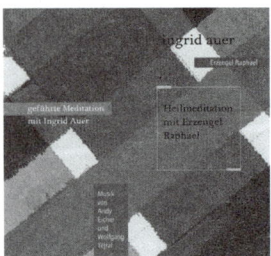

Heilmeditation mit
Erzengel Raphael
ISBN 978-3-902636-05-8

Kinder lieben Engel -
Engel lieben Kinder
ISBN 978-3-902636-06-5

Lichtpunkt & Ekonja-Verlag
Ingrid Auer GmbH

Herstellung und Generalvertrieb:
Wiener Straße 49
A-3300 Amstetten

T: +43 (0) 7472 / 69 172-0
F: +43 (0) 7472 / 69 172-290

info@engelsymbole.com
www.engelsymbole.com

Info & Service

Weiterführende Informationen (Facebook-Seiten, Blogs, Erfahrungsberichte etc.) rund um die Anwendung der Engel-, Meister-Symbole, Engel-, Meister-Essenzen und Engelöle finden Sie unter **www.engelsymbole.com**

Irene Lauretti
Mit der Kraft deiner Hände
Energieheilgriffe für schnelles
Wohlbefinden

Egal, wo Sie gerade sind oder
wie viel Zeit Sie haben – Sie
jederzeit schnell und effektiv
Ihre Gesundheit stärken,
Beschwerden lindern und Ihre
Energiereserven auffüllen.
Irene Lauretti zeigt Ihnen, wie
Sie Ihre Selbstheilungskräfte
mobilisieren. Alles, was Sie dafür
benötigen, sind Ihre Hände.
Durch sanftes Halten der Finger
und Berühren bestimmter
Energiepunkte am Körper erre-
ichen Sie jeden Bereich Ihres
Seins. Die Heilgriffe geben
Ihnen in jedem Augenblick
genau das, was Ihr Körper und
Ihre Seele gerade benötigen!
Erreichen Sie ab sofort einfach
und schnell mehr Wohlbefinden,
Gesundheit und Vitalität!

128 Seiten, 4-farbig, wattiert, gebunden
ISBN 978-3-89845-499-5
EUR [D] 12,95

Nathalie Bodin
Ho'oponopono
30 Formeln zur Lösung
von Konflikten

Entdecken Sie Ho' oponopono
ganz praktisch für Ihren Alltag.
Nathalie Bodin konzentriert sich
auf das Wesentliche im hawai-
ianischen Vergebungsritual: Die
Lösung von Konflikten, wie dies
in seinen historischen Anfängen
der Fall war. Sie hat das ursprüngliche Ritual wiederaufge-
griffen und an das moderne
westliche Leben angepasst. Sie
bringt uns Ho'oponopono nahe,
indem sie uns an 30 alltäg-
lichen Situationen zeigt, wie wir
Konflikte erfolgreich mit der
Energie des Verzeihens und des
Reinigens auflösen können.
Entdecken Sie Weisheit des
Ho'oponopono, die auf jeden
Konflikt auch in Ihrem Leben
anwendbar ist!

152 Seiten, farbig, mit Abbildungen,
Klappenbr.
ISBN 978-3-89845-437-7
EUR [D] 14,95

Jennidee Mills
**Bewusst malen – Engel, Elfen
und mystische Wesen**

Wenn Sie das Hobby des Aus-
malens für sich entdeckt haben
und Engel und Elfen mögen, werden Sie dieses Buch lieben!
Über 30 wunderschöne, fröhliche
und verträumte Motive zauber-
hafter weiblicher Wesen laden
Sie zum Kolorieren ein. Jedes Bild
wird von einem poetischen Text
begleitet, und für Ihre eigenen
Gedanken und Ideen bietet das
Buch ebenfalls Platz.
Gönnen Sie sich eine kreative
Ruhepause im Alltag und lassen
Sie Ihrer Kreativität freien Lauf.
Sie werden sehen, dass dies
nicht nur eine Menge Spaß
macht, sondern negative Gefühle und Stress einfach
verschwinden lässt und Sie mit
einem Gefühl von Wohlergehen
und innerer Ruhe erfüllt.

88 Seiten, gebunden
ISBN 978-3-89845-509-1
EUR [D] 9,95

Helena Koch
Stärke deine Seele mit den 12 Baumenergien

Helena Koch zeigt uns, wie wir den Bedürfnissen unsere Seele Achtsamkeit schenken können. Der Weg dahin ist eine Mischung aus den zwölf Lebensprinzipien der Bäume, der Numerologie und der Farben. Die Autorin hat dazu den Seelenstern entwickelt, der uns auf Zusammenhänge aufmerksam macht, welche zwischen unseren Erlebnissen in der Außenwelt und unserem innersten Empfinden bestehen. Durch ihn lernen wir mit unserer Seelenkraft zu kommunizieren, ein Seelenverständnis zu entwickeln, um zu einer feineren, tieferen Bewusstheit zu gelangen und ein Leben im Einklang zu führen.

192 Seiten, 4-farbig, broschiert
ISBN 978-3-89845-498-8
EUR [D] 16,95

Franziska Krattinger
Ein Wort genügt!
... sich einfach umprogrammieren

Schalten Sie einfach um! Manchmal genügt ein einziges Wort, um verborgene Haltungen ans Licht zu bringen oder Einstellungen zu ändern. Dabei gibt es spezielle Worte, die gleichsam eine magische Wirkung haben, da sie die Schlüssel zu unserem Unterbewusstsein sind: Schaltworte.
Schalten Sie einfach um! – und beobachten Sie die Veränderungen in Ihrem täglichen Leben, ohne dass Sie bewusst daran denken oder eine Vorstellung der Lösung haben müssen. Nutzen Sie die Kraft, eine Situation augenblicklich im besten und idealen Sinn zu verändern.

168 Seiten, Klappenbr.
ISBN 978-3-89845-152-9
EUR [D] 10,90

Bärbel Mohr
Bestellungen beim Universum
Ein Handbuch zur Wunscherfüllung

Bärbel Mohr zeigt dir, wie du dir den Traumpartner, den Traumjob oder die Traumwohnung u.v.m. beim Universum »bestellen« kannst. Sie bringt dir bei, auf deine innere Stimme zu hören und beweist, dass Du wirklich alles bekommen kannst, was du dir wünschst! Ihre Rezepte zur Erfüllung der kleinsten und größten Wünsche helfen dir, dein Leben im Großen wie im Kleinen viel positiver zu gestalten, damit du die Wunschbestellung erfolgreich abschicken kannst und die geordnete Lieferung auch in vollem Umfang erhältst.

160 Seiten, gebunden
ISBN 978-3-89845-516-9
EUR [D] 12,95

Weitere Informationen zu Büchern und Autoren des Silberschnur Verlages erhalten Sie unter:
www.silberschnur.de